*Das einstige Firmenemblem der Wien-Film am Eingangstor der ehemaligen Atelierwelt zu Sievering.*

*Christian F. Winkler*

# Wien-Film

## Träume aus Zelluloid
## Die Wiege des österreichischen Films

SUTTON
VERLAG

*Das Aquarell von Christian F. Winkler aus dem Jahre 1991 zeigt die Auffahrt zum Atelier in Sievering.*

**Impressum**

Sutton Verlag GmbH

Hochheimer Straße 59

99094 Erfurt

www.suttonverlag.de

Copyright © Sutton Verlag, 2007

Gestaltung und Herstellung: Markus Drapatz

Druck: Oaklands Book Services Ltd., Chalford | GL, England

ISBN 978-3-86680-227-8

# Inhaltsverzeichnis

Bild- und Quellennachweis 6

Vorwort 7

1. Die Anfänge der Kinematographie 9

2. Graf Kolowrat, der österreichische Filmpionier 11

3. Die Jahre nach Kolowrat 23

4. Anpassung oder Subversion – die Jahre 1938 bis 1945 35

5. Die Zeit nach 1945 55

6. Der letzte Akt 105

7. Kurzer Rundgang 109

8. Epilog 127

9. Anhang 129

# Bild- und Quellennachweis

Das verwendete Fotomaterial stammt aus den Beständen von **Franz Antel, Heinrich Piloni, Rudolf Schachinger, Adi Theyer und Christian F. Winkler.**

## Verwendete Quellen

*Bilz' Hausschatz der Bildung und des Wissens,* Bd. 3, Leipzig um 1900
*Das Programm von Heute,* diverse Nummern
*Dreißig Jahre Sascha-Film.* Festschrift der Sascha-Film Verleih- und Vertriebs GmbH, Wien 1948
*Film,* Die Österreichische Illustrierte Zeitschrift, Nr. 1, 8, 12, Wien 1946/47
*Filmgeschichte aus Österreich,* ORF-Fernsehdokumentation, Wien 1970/71
FRITZ, WALTER, *Kino in Österreich,* 1981 und 1984
GUHA, WILHELM, *Geschichte eines österreichischen Filmunternehmens,* Wien 1975
IBACH, ALFRED, *Die Wessely,* Wien 1943
*Illustrierter Film-Kurier,* diverse Jahrgänge
*Illustriertes Filmprogramm,* diverse Jahrgänge
*Neues Filmprogramm,* diverse Jahrgänge
OBERLABER, EDITH, *Franz Antel, Regisseur und Produzent,* Universität Salzburg 1987
OERTEL, RUDOLF, *Filmspiegel. Ein Brevier aus der Welt des Films,* Wien 1941
ORF-Nachlese zu „Österreich I", Nr. 12, 1989
RIEMER, HANS, *Perle Wien,* Wien 1946
Rundschreiben der Wien-Film 3. April 1939 bis 6. März 1945
SCHRENK, HELENE, *Produktion der Wien-Film zwischen 1939 und 1945,* Universität Wien 1984
TOEPLITZ, JERZY, *Geschichte des Films,* 4 Bde., Berlin-Ost 1984
Tonfilm – Theater – Tanz, Heft 8/Jg. I, Wien 1933
*Traumfabrik Wien-Film.* Fernsehdokumentation, Südwestfunk Baden-Baden 1989
WINKLER, CHRISTIAN F. UND ANTEL, FRANZ, *Hollywood an der Donau,* Wien 1991
WINKLER, CHRISTIAN F., *Sievering – Das Dorf in der Großstadt,* Wien 1987

# Vorwort

Am Abend vor dem Abbruch der Atelieranlagen in Sievering waren wir da. Es war sozusagen „Tag der offenen Türe" in der einst geschlossenen, aber lebhaften Atelierwelt. Nun war das Gelände den Souvenirjägern und der Zerstörung überlassen.

Wir fühlten uns wie in einem verlassenen Goldgräberstädtchen. Die mutwillige Zerstörung der verbliebenen Anlagen war präsent soweit das Auge reichte. Gebots- und Verbotsschilder am Straßenrand kündigten den letzten Akt, den Abbruch des Ateliers, an. Die Seitentore der einst gräflichen Filmwelt standen weit offen. Rasch wurde eine Art Suchtrupp organisiert, um vielleicht doch noch Material von Interesse für die Nachwelt zu retten, bevor die stählernen Baumaschinen ihr nicht mehr rückgängig zu machendes Werk begannen. Zwei ehemalige Mitarbeiter der Wien-Film und ein weiterer am Geschick des Ateliers Interessierter starteten eine Suche nach fast vergessenen Dingen.

Der Anblick, der sich beim Betreten der einstigen, viel gerühmten Filmstätte bot, spottete jeder Beschreibung. Selbst der entlegenste Winkel des baulich so verwinkelten Atelierkomplexes war in einer Art verwüstet, die nicht zu beschreiben ist. Zu lange stand der Bau schon leer. Die mutwillige Zerstörung hatte weit um sich

*In dieser Vogelschau sind deutlich die markante Rundbogenhalle und weitere Nebengebäude der Atelieranlage zu erkennen.*

gegriffen. Ein Stück österreichischer Filmgeschichte wurde im letzten Akt ein Opfer des nackten Vandalismus. Die einstigen Garderobenräume und Werkstätten glichen einer herabgekommenen Bedürfnisanstalt und provisorischen Liebesnestern für eine Nacht.

Das Ende der Wien-Film, der einst so bedeutenden Filmstadt zu Sievering, war unwürdig. Dieses Ende wäre zu vermeiden gewesen, wenn … ja, wenn die Öffentlichkeit nicht aufs Gründlichste versagt und nicht jeder nur an seinen eigenen Profit gedacht hätte.

# 1. Die Anfänge der Kinematographie

Um die Wende des 19. zum 20. Jahrhundert machten zwei voneinander noch unabhängige Erfindungen von sich reden: die Kinematographie und die mechanische Tonwiedergabe. Die Welt nennt entweder Edison oder die Brüder Lumière als Erfinder der Kinematographie, des „Spiels mit lebenden Bildern", und bezeichnet die Jahre 1893 oder 1895 als Geburtsjahr dieses Genres. Der Kinematograph, der Apparat, mit dessen Hilfe die toten Bilder lebendig werden, war geboren. Als am 13. Februar 1895 die Brüder Lumière einen Apparat zum Patent anmeldeten, der zur Aufnahme, zum Kopieren und zur Vorführung beweglicher Bilder diente, war die große Stunde des Films gekommen. Diesen Apparat nannten die Lumières anfangs „Kinetoskop en projection", später „Cinematographe". Die erste Vorführung fand am 22. März 1895 statt. Die Spieldauer der ersten Filme betrug maximal 15 Minuten, und sie waren stumm – der Ton zum Film kam erst viel später dazu, obwohl die Tonaufzeichnung bereits erfunden war.

Im Jahre 1896, als die Lumière-Apparate noch geheim gehalten wurden, begann in Deutschland ein Erfinder selbstständig mit den ersten Vorbereitungen für eine deutsche Kino- und Filmindustrie. Sein Name war Oskar Meßter.

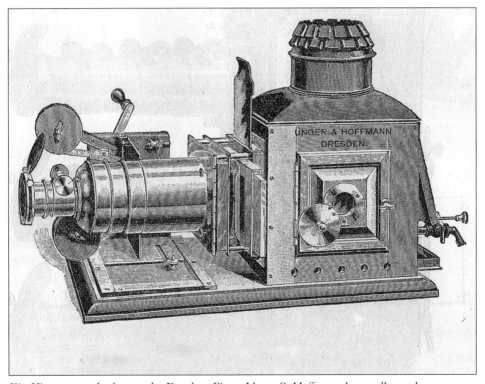

*Ein Kinematograph, der von der Dresdner Firma Unger & Hoffmann hergestellt wurde.*

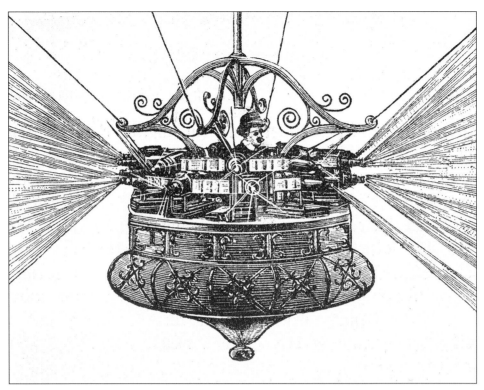

*Eine der ersten Panoramaprojektionseinrichtungen, wie sie am Anfang des 20. Jahrhunderts zum Einsatz kamen.*

1895 lernte Meßter das amerikanische Edison-„Kinetoskop" kennen. Er erwarb einen solchen Apparat aus London und begann mit seinen Versuchen, die Bilder zu projizieren. Die wesentliche Erfindung des deutschen Optikers war sein sogenanntes „Malteserkreuzsystem", das ein System zur ruckweisen Fortschaltung der Einzelbilder des Filmes darstellt. Das Format der Filme, die für die Edison'schen Apparate verwendet wurden, setzte sich gegenüber anderen durch und ist auch heute noch gebräuchlich. Der Umstand, dass damals bereits die Edison'schen Apparate und das entsprechende Filmmaterial den Markt diktierten, veranlasste Meßter gleich Lumière, von Anfang an dieses Bildformat zu übernehmen. Dies erleichterte auch den Absatz der Meßter-Projektoren, von denen bereits im ersten halben Jahr der Produktion 64 Stück verkauft wurden. Eine neue Industrie begann sich zu regen und als die Brüder Lumière ihren Apparat 1897 in den Handel brachten, erwarben die Gebrüder Pathé eine Verkaufslizenz. Die Firma Pathé-Frères wurde alsbald eine der bedeutendsten europäischen Filmfirmen und Frankreich dadurch zum ersten Filmland der Welt. Neben den Gebrüdern Pathé etablierte sich bald die Firma Gaumont & Co. als ernstlicher Konkurrent im jungen Filmwesen und die Filme beider Firmen wurden weltweit vertrieben. Pathé errichtete in New York eine eigene Produktion und knapp vor dem Ersten Weltkrieg ein großes Glasatelier in Berlin, das in späteren Jahren von Meßter übernommen wurde.

## 2. Graf Kolowrat, der österreichische Filmpionier

Es war einmal ... so beginnen alle Märchen, auch dieses. Es war einmal ein Graf, der liebte alles Neue und Extravagante. Dieser Graf hieß Alexander Joseph Kolowrat-Krakowsky. Geboren am 29. Jänner 1886 in New York, verbrachte Graf Sascha Kolowrat, wie er von seinen Freunden genannt wurde, seine Kindheit auf dem böhmischen Gut Groß-Meierhöfen bei Pfraumberg (im späteren West-Sudetenland, dem heutigen Primda). Schon in frühen Lebensjahren wurde die Liebe zum damals noch seltenen Automobil geweckt, ein Steckenpferd, das er auch später nicht aufgab. Er fuhr Autorennen in Österreich, Spanien und Italien. Der junge Graf war ein Liebhaber alles Technischen, ob Motorrad, Auto, Ballon oder Flugzeug. So erwarb Kolowrat 1910 als vierzehnter Österreicher den Flugschein und besaß generell alle neumodischen Dinge. Man schrieb das Jahr 1909, als Graf Sascha mit dem neuen Medium Film Bekanntschaft machte. In Paris traf Kolowrat mit Charles Pathé von der Firma Pathé-Frères zusammen, die bereits das erste französische Filmate-

*Graf Alexander Joseph Kolowrat-Krakowsky (links) war einer der ersten bedeutenden österreichischen Filmpioniere. Auf dieser Aufnahme ist er mit dem Regisseur Michael Kertesz abgebildet.*

lier in Vincennes errichtet hatten, dem ein weiteres, kleineres in Montreuil gefolgt war.

Nach dieser Begegnung mit dem neuen Medium in Paris begann der Graf schon im Jahre 1910 auf seinem böhmischen Gut mit der Herstellung von Kinofilmen. In der Waschküche entwickelte der Graf in einem mit Blech ausgeschlagenen Trog selbst die ersten Meter österreichischen Filmes – Naturaufnahmen sowie einen Film über die Burg Kreuzenstein.

Bald darauf verlegte der Graf seine Experimente von Pfraumberg nach Wien, zunächst in den 20. Bezirk, in ein bescheidenes Freilichtatelier in der Engerthstraße und in die Pappenheimgasse 2, wo einige kleine Lustspiele gedreht bzw. entwickelt wurden. Das Kopierwerk in der Pappenheimgasse bestand bis in die Jahre 1933/34.

Die allerersten Filme waren nicht besonders lang, aber sie waren ein viel bestaunter Anfang, wie etwa „Die Gewinnung des Eisens im steirischen Erzberg", „An Dalmatiens herrlichen Gestaden" oder „Der Gardasee". Der Girardi-Film hingegen dauerte schon über eine Stunde. Vor allem diese ersten Spielfilme mit großen Volksschauspielern wie Girardi brachten das neue Medium den Menschen näher. Am 13. März 1914 fand die Eintragung der neuen „Sascha-Filmfabrik" ins Handelsregister statt. Einer von Kolowrats Mitstreitern in Sachen Film war Hans Theyer. Diesen jungen, energischen Filmbegeisterten und Kameramann beauftragte der Graf, einen Standort für eine neue Atelieranlage im Raum Wien zu suchen. Im 19. Wiener Bezirk, in Sievering, auf dem Boden des ehemaligen Ritz'schen Kaffeehauses „Mirabell", entstand daraufhin in den Jahren 1915/16 eine moderne Atelieranstalt.

*Das erste Kopierwerk des Grafen Kolowrat befand sich an der Ecke Pappenheimgasse und Treustraße.*

*Eine schlichte Gedenktafel erinnert an den Filmpionier einstiger Zeit. Im Jahr 1912 erwarb Graf Kolowrat ein Dachatelier in der Biberstraße. Einer seiner ersten Filme war „Die Dame auf dem Riesenrad".*

*Alexander Girardi drehte 1913 unter Graf Kolowrat seinen ersten und einzigen Film – „Der Millionenonkel" – damals noch in der Biberstraße.*

*Das „Café-Restaurant Mirabell" in Wien-Sievering, auf dessen Areal Graf Kolowrat in den Jahren 1915/16 seine Atelierstadt errichten ließ.*

*Das Sieveringer Glas-Atelier in Bau: Das Grundgerüst war ein Flugzeughangar, der eigens für diesen Zweck von Düsseldorf nach Wien gebracht wurde.*

Wie es am Beginn des Ausbaus der Sieveringer Atelieranlagen hier aussah, erzählte Camilla Gerzhofer in ihren Erinnerungen an die Zeit, als sie zum ersten österreichischen Stummfilmstar avancierte: „Es war um 1913. Ich verkehrte damals in Kreisen, zu denen auch Graf Alexander Kolowrat, von allen seinen Freunden kurz Sascha genannt, gehörte. Da nur Frankreich und Deutschland eine eigene Filmproduktion hatten, trug sich Sascha mit der Idee, eine österreichische Filmproduktion ins Leben zu rufen. Eines Tages lud er uns ein, sein ‚Filmgelände' in Sievering zu besichtigen. Da stand in demselben Garten wie heute eine bescheidene Holzhütte, die Kolowrat uns stolz als Atelier präsentierte. Es war noch recht kümmerlich, aber immerhin ein Anfang."

Bei diesen bescheidenen Ausmaßen sollte es nicht lange bleiben. Das Atelier Sievering umfasste bald eine Vielzahl an Einzelobjekten, die sich im Laufe der Jahre durch Zubauten zu einem gewaltigen Baukomplex vereinigten. Im Zentrum des Areals befanden sich die sogenannte Rundbogenhalle, das spätere Verwaltungsgebäude, sowie die späteren Aufnahmehallen I und II. Das Kernstück der Atelieranlage war ein Hangargerüst, das Kolowrat eigens aus Düsseldorf hatte kommen lassen, um bei Tageslicht filmen zu können. Einziger Nachteil dieser Ateliers war, dass im Sommer eine glühende Hitze und im Winter eine eisige Kälte im Inneren der Halle herrschte. Auch aus diesem Grunde wurde die Hangarhalle in späteren Jahren verkleidet, auch durch den aufkommenden Tonfilm bedingt.

Die ersten Aufnahmen waren Dokumentarfilme und Wochenschauen, wie zum Beispiel das Begräbnis von Kaiser Franz Joseph im Jahre 1916. Sascha Kolowrat ließ innerhalb von drei Tagen und drei Nächten mehr als 255 Kopien herstellen, um die Aufnahmen vom kaiserlichen Trauerzug in den Kinos der Monarchie und im Ausland zeigen zu können. Einen ersten filmischen Höhepunkt erreichte Sascha Kolowrat im Jahre 1922 mit seinem Werk „Sodom und Gomorrha", das ein Versuch war, Hollywood, das schon damals das Mekka der Filmkunst war, Konkurrenz zu machen. Dieser Film ist ein Monumentalwerk von drei Stunden Spieldauer und der aufwendigste Film, der je in Österreich gedreht werden sollte. Die Außenaufnahmen wurden auf dem Laaerberg, die Innenaufnahmen im Atelier von Sievering gemacht. Regie führte Michael Kertesz,

*Diese Aufnahme aus dem Jahre 1920 zeigt den Atelierstab von Sievering.*

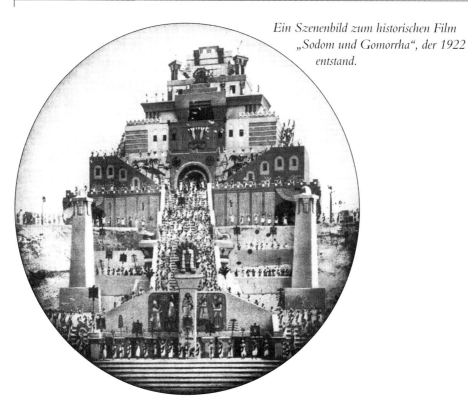

*Ein Szenenbild zum historischen Film „Sodom und Gomorrha", der 1922 entstand.*

*Die ersten Filmbauten zu „Sodom und Gomorrha" entstanden an den Abhängen des Wiener Laaerberges.*

die weibliche Hauptrolle spielte Lucy Doraine, Kertesz' Gattin. Die Rolle des jugendlichen Liebhabers wurde mit dem noch unbekannten Walter Slezak besetzt. Fliehende Menschen, kämpfende Heere, mordende Massen und einstürzende Tempel bestimmten die Szenen. Die Handlung ist verworren und kompliziert, sie spielt in der Gegenwart und im Traum – insgesamt in acht verschiedenen Epochen. Am Ende wurde das erste Wunderwerk der Filmarchitektur, die Tempelanlage, gesprengt. Bei der Sprengung gab es mehrere Tote. Der verantwortliche Pyrotechniker wurde wegen grober Leichtfertigkeit angeklagt und verurteilt. Als Chefkameramann agierte der uneheliche Sohn Gustav Klimts, Gustav Ucicky. Unter den Komparsen – je nach Aussage sollen es zwischen 3.000 und 12.000 gewesen sein – waren zwei, die den Wiener Film später berühmt machen sollten: Paula Wessely und Willi Forst. Der Aufwand an Material, Menschen und technischem Können wurden in späterer Zeit von keiner österreichischen Produktion mehr erreicht. Dem Film war zunächst kein internationaler Erfolg beschieden und er existiert heute nur mehr als Fragment. Interessant wurde „Sodom und Gomorrha" erst wieder, nachdem der Regisseur Michael Kertesz als Michael Curtiz in Hollywood Weltkarriere gemacht hatte – jener Curtiz, der den berühmten Film „Casablanca" mit Humphrey Bogart drehte.

Neben seinem Engagement für den Film zeigte der Graf auch soziale Gesinnung, so stellte er sein Studio, wie es die Sieveringer Schulchronik stolz vermeldet, im Winter 1921/22 für eine Weihnachtsfeier zur Verfügung: „Der Elternverein veranstaltete eine Weihnachtsfeier, zu der die Sascha-Film AG. die große Aufnahmehalle zur Verfügung stellte und die Dekorationen und Beleuchtung ohne Entschädigung beistellte."

Im Jahre 1922 drehte man im Sieveringer Atelier noch siebzig abendfüllende Filme und Hunderte von Kurzfilmen. Doch plötzlich ging die Produktion gewaltig zurück. 1924 waren es nur mehr sechzehn Filme und 1925 überhaupt nur noch fünf. Der Tiefpunkt der Filmproduktion wurde erreicht.

Michael Kertesz, der Regisseur von „Sodom und Gomorrha", wagte trotzdem 1924 einen weiteren Monumentalfilm – „Die Sklavenkönigin". Die biblische Überlieferung vom Auszug der Juden aus Ägypten bildet den Hintergrund einer dramatischen Liebesgeschichte zwischen dem Sklavenmädchen Merapi, gespielt von Maria Corda, der exzentrischen Gattin des Regisseurs und späteren Filmproduzenten Sir Alexander Korda, und dem Pharaonensohn, dargestellt von dem jungen Burgschauspieler Hans Marr.

Theatralischer Höhepunkt dieses kampfszenenreichen Filmes ist der äußerst realistisch dargestellte Durchzug der Juden durch das Rote Meer. Es ist eine trickreiche und viel bewunderte Szene, die weitab von Meereswogen im Atelier sowie am Laaerberg entstand. Ebenfalls im Jahr 1924 entstand der Film „Salambo". Für diesen Film wurden die Innenaufnahmen im Atelier Sievering gedreht, die Außenaufnahmen wurden auf der Brecherwiese ebenfalls in Sievering produziert, wo die antike Kulissenstadt die Neugier der Bevölkerung weckte. Umfangreiche Absperrungen wurden notwendig, denn die Zuschauer konnten kaum vom Drehort abgehalten werden. Halb Döbling war unterwegs.

Im Jahre 1925 entstand in Sievering auch der Film „Das Spielzeug von Paris", wieder unter der Regie von Michael Kertesz, mit Hugo Thimig und einem gewissen Hans Moser in seiner ersten Filmrolle. Ebenfalls 1925 wurde nach den Monumentalfilmen „Sodom und Gomorrha", „Samson und Deliah" und „Die Sklavenkönigin" unter der Regie von Hans Theyer „Die Rache des Pharao" produziert, um auch ins internationale Geschäft einsteigen zu können.

18    *Graf Kolowrat, der österreichische Filmpionier*

*Eine weitere antike Filmlandschaft entstand in Wien 1924 zu dem Film „Die Sklavenkönigin".*

*Massenszenen wie im Film „Die Sklavenkönigin" waren damals beliebte filmische Highlights.*

Graf Kolowrat, der österreichische Filmpionier 19

Im Jahre 1925 entstand ein weiterer Monumentalfilm in Wien, „Die Rache des Pharao".

*Was „Film drehen" heißt, zeigen die verwendeten Kameramodelle, die allesamt einen händischen Filmtransport aufwiesen.*

*Dieses Foto zeigt Vater und Sohn Theyer bei Dreharbeiten.*

*Ein Szenenfoto aus „Cafe Electric" zeigt zwei junge Schauspieler am Beginn ihrer Filmkarriere: Marlene Dietrich und Willi Forst.*

Ein Jahr später, 1926, entstand „Die Pratermizzi" eher für das heimische Publikum. Regie führte Gustav Ucicky, die weibliche Hauptrolle spielte die junge Pragerin Anny Ondra. Die Schrecken jener Zeit, Arbeitslosigkeit, Inflation und Korruption, beherrschten auch das Wien der Zwanzigerjahre. Vor diesem Hintergrund entstand erstmals ein realistischer und zeitnaher Film, ein Experiment Kolowrats, „Cafe Electric" – ein Film weitab von biblischen Einflüssen oder verklärter Volkstümlichkeit. Der Film griff die aktuellen Zeichen der Zeit auf und wurde zu einem der wichtigsten Film von Marlene Dietrich und Willi Forst, der einen Zuhälter, Taschendieb und Frauenhelden spielte. Marlene Dietrich spielte in diesem unter der Regie von Gustav Ucicky gedrehten Film eine Tochter aus gutem Hause, die in den Sumpf von Wien gerät, wobei sich das „Cafe Electric" als Treffpunkt leichter Mädchen, ihrer Beschützer und Kunden entpuppt.

Marlene Dietrich selbst hielt viele Jahrzehnte später in einer im Jahre 1983 von Maximilian Schell produzierten und redigierten Dokumentation von diesem ersten und für sie doch sehr bedeutenden Film wenig bis gar nichts mehr. So kann sich im Laufe der Zeit die Meinung eines Schauspielers über einen Film ändern, selbst wenn er für die eigene Karriere von großer Bedeutung war.

Zurück in das Jahr 1927. Die Premiere dieses Filmes am 25. November überlebte Sascha Kolowrat, der Begründer der österreichischen Filmindustrie, nur um wenige Tage. Er starb am 4. Dezember 1927 im Alter von 41 Jahren. Fast zweihundert Spielfilme sowie Hunderte von Dokumentarstreifen und Wochenschauen hatte er in knapp fünfzehn Jahren produziert. Mit dem Atelier in Sievering hatte Graf Kolowrat dem österreichischen Film seine Wiege- und wichtigste Produktionsstätte geschaffen.

# 3. Die Jahre nach Kolowrat

Die Zeit nach Kolowrat war geprägt von der Weltwirtschaftskrise und dem Überlebenskampf der Menschen und Betriebe. Auch die Filmindustrie hatte mit größten Problemen zu kämpfen. In dieser Zeit beschäftigte sie ein neues Element der filmischen Gestaltung: der Ton.

Um den Ton zum Bild oder Film verwenden zu können, bedurfte es der Erfindung der Tonaufzeichnung – einer Erfindung, die es bereits gab. Um sie auch kommerziell nutzen zu können, mussten die Erfinder nochmals tätig werden. Schließlich forderte das Publikum Tonqualität, das heißt naturnahe Töne und nicht leises Gekrächze, sowie Synchronität, also Gleichzeitigkeit von Bild und Ton.

Die ersten „Tonbilder" wurden bereits am 29. August 1903 in Berlin im Rahmen eines Varietéprogramms von Oskar Meßter öffentlich vorgeführt. „Tonbilder" nannte man die zahlreichen Filme, die durch die gleichzeitige Wiedergabe von Bild und Ton mittels Film und Schallplatte entstanden. Sie waren von 1903 bis etwa 1912 in Mode, verschwanden aber, als die langen künstlerischen Stummfilme erschienen. Diese Tonbilder waren mit großen technischen Nachteilen behaftet, zum einen stellten Projektor und Tonwiedergabegerät, das Grammofon, zwei getrennte Bedienungseinheiten dar, auf der anderen Seite ließ die Lautstärke zu wünschen übrig. Meßter nannte seine Erfindung „Biophon" und bis 1913 hatten sich rund 500 Lichtspieltheater mit Meßters Biophonen eingerichtet. Die Übereinstimmung zwischen Ton und Bild war einwandfrei. Unter Benutzung zweier abwechselnder Plattenteller konnten auch eine Anzahl längerer Tonbilder vorgeführt werden. Zur Erzielung einer höheren Lautstärke wurden mehrere Tonträger gleichzeitig betrieben. So verwendete Meßter im Berliner Apollotheater bei einer Vorführung gleich fünf Grammofone zur selben Zeit. Die Lautstärke erhöhte sich aber nicht um das Fünffache, stattdessen kamen die durch die Nadeln der Grammofone hervorgerufenen Nebengeräusche stärker zur Geltung. Aber das damalige Publikum nahm diese Neuerung dennoch dankend an.

Einer der Gründe für das allmählich nachlassende Interesse an „Tonbildern" in den Lichtspieltheatern lag sicherlich auch in der oft mangelhaften Handhabung des Grammofons, wodurch die gesamte Synchroneinrichtung versagte. Dazu kam, dass die Lautstärke den Raum der größer werdenden Lichtspielhäuser bald nicht mehr ausfüllen konnte. Wieder wurde nach Verbesserungen gesucht. Das neue Zauberwort hieß Lichttonfilm.

Das Grundprinzip des Lichttonfilms ist die Vereinigung beider Elemente in einem Medium. Beim Lichtton werden die vom Aufnahmemikrofon ausgehenden, durch die auftreffenden Schallwellen erzeugten Stromstöße in Lichtschwankungen umgewandelt und mittels eines besonderen Filmnegativs, das im Tonaufnahmeapparat mit der gleichen Geschwindigkeit abläuft wie der Film in der Bildkamera, fotografiert. Weltweit wurden Versuche und Experimente angestellt, so zum Beispiel bereits im Jahre 1906 durch den Schweden Sven A. Berglund. Nach dessen Versuchen wurde 1911 in Berlin durch die optische Anstalt Goerz einer der ersten Lichttonfilme hergestellt.

Am 17. April 1919 wurde das Triergon-Verfahren patentiert. Es war ein deutsches Tonfilm-Verfahren, bei dem die damals neuen Errungenschaften auf dem Gebiet der Elektroakustik für die Tonaufnahme auf Filmband genutzt wurden. Zwei Mechaniker und ein Physiker, Joseph Engl, Joseph Masolle und Hans Vogt, legten damit den Grundstein für den Tonfilm in Deutschland. Es handelte sich um eine Methode, die, mit Verbesserungen, bis in die Zeit nach dem Zweiten Weltkrieg beibehalten werden sollte.

Die Lizenz für die Triergon-Patente erwarb vorerst die deutsche UFA. Von 1926 bis 1928 befanden sich die Patente unter der Kontrolle einer Schweizer Gesellschaft, die sich 1928 der Tonbild-Syndikat AG – kurz Tobis anschloss. Dieser Konzern war durch den Zusammenschluss der Firmen Triergon-Musik AG in St. Gallen, Deutsche Tonfilm AG in Hannover, Meßter-Ton AG in Berlin und H. J. Küchenmeister AG, ebenfalls in Berlin, entstanden. Die neue Firma verfügte zwar über eine stattliche Anzahl von Tonfilmpatenten, jedoch nicht auf dem Wiedergabesektor. Deshalb behalf man sich im Folgejahr, 1929, mit einem mit der Siemens-AEG-Tochter Klangfilm GmbH abgeschlossenen Kooperationsvertrag. Als Folge dieses Vertrages wurde das Aufnahmesystem Tobis-Klangfilm und das Wiedergabeverfahren Klangfilm-Tobis genannt.

Als Ende der Zwanzigerjahre die ersten Tonfilme aufkamen, war der bereits todkranke Graf Kolowrat davon begeistert. Er plante, das neue Medium Tonfilm auch in seinem Betrieb einzusetzen. Doch sein Tod machte alle Pläne zunichte, da die größte Filmfirma in Österreich, die Sascha-Film, mit ihm nicht nur ihren Manager und Koordinator, sondern auch ihren wichtigsten Geldgeber verlor. Da die Sascha-Film alleine nicht die nötigen Finanzmittel für eine Tonanlage bzw. für die Umstellung des Sieveringer Ateliers auf Tonfilmbetrieb besaß, um konkurrenzfähig bleiben zu können, konnte diese wichtige Investition nicht mehr realisiert werden.

Im Oktober 1930 wurde das Ausgleichsverfahren über die Firma verhängt. Um Mittel und Möglichkeiten für den Erwerb der Tonfilmpatente zu erlangen, wurde eine neue Firmenstruktur gesucht. Die Folge war, dass die Sascha-Film von der deutschen Tobis-Klangfilm übernommen wurde und ab 1933 der neue Firmenname Tobis-Sascha-Film AG lautete. Tobis-Sascha besaß nun de facto das Monopol auf dem österreichischen Markt, im Grunde vertrat sie aber deutsches Kapital. Berlin war mittlerweile durch die UFA-Produktionen zur Filmhauptstadt Europas geworden.

Die neue Tobis-Sascha produzierte von nun an im Atelier Sievering, das inzwischen schon mit einer Tonfilmanlage ausgestattet worden war. Die Haupttätigkeit der neuen Firma beschränkte sich in erster Linie jedoch auf die Vermietung dieses Ateliers. In Wien gab es zu dieser Zeit übrigens bereits ein größeres Atelier.

Das Vita-Atelier am Rosenhügel war damals die modernste Anlage Österreichs. Dieses 1920 erbaute Atelier kaufte Tobis-Sascha von der Vita-Film AG und nahm Ende 1935 den Betrieb auf. In der Zeitschrift „Tonfilm – Theater – Tanz" war dazu zu lesen: „Endlich scheint der Traum doch Wahrheit zu werden. Projekte, von denen man schon längst sprach, sollen realisiert und die Wiener Tonfilmerzeugung auf breiter Basis neu aufgebaut werden. Den Anfang macht die Tobis-Sascha-Filmindustrie AG. Wie uns berichtet wird, wird bei Drucklegung dieser Zeilen mit den Umbauarbeiten des ausgedehnten Vita-Film-Objektes auf dem Rosenhügel zu einem modernen, allen Anforderungen entsprechenden Tonfilmatelier bereits begonnen und dürften diese Arbeiten ungefähr ein bis zwei Monate in Anspruch nehmen. Nach Beendigung des Umbaus, der die nette Summe von nahezu einer Million Schilling verschlingen dürfte, soll eine großzügige

*Max Neufeld verfilmte 1928 das Drehbuch zu „Die beiden Seehunde".*

österreichische Filmproduktion ins Leben gerufen werden. Es wird dann leicht möglich sein, bei Ausnützung aller vorhandenen Räumlichkeiten die österreichische Erzeugung von bisher vier auf zirka zwanzig Großfilme im Jahr zu steigern."

Bei allen Vorteilen, die der Tonfilm mit sich brachte, hatte er auch einen nicht unbedeutenden Nachteil. Schon im Jahre 1921 glaubte man, den Grund zu kennen. So meinte der große schwedische Regisseur Urban Gad: „Was den sprechenden Film betrifft, so wäre es sicher als ein Unglück zu betrachten, wenn dieses Ziel erreicht wird, denn mit der Stummheit würde der größte Vorteil des Film, seine Internationalität, verloren gehen [...] Vorläufig scheint indessen die Gefahr, dass der sprechende Film Wirklichkeit wird, noch nicht sehr groß zu sein."

Der Regisseur des ersten österreichischen, 1919 hergestellten Kinofilms „Von Stufe zu Stufe", Heinz Hanus, meinte viele Jahre später in einem Interview: „Der Film war damals international. Dadurch, dass die Titel eingeschnitten waren, konnten sie ausgewechselt werden in die jeweilige Sprache. Und dadurch war der Film auch dann leichter verkäuflich."

1930 begab man sich erstmals in das unterirdische Wien – in die Kanäle dieser Stadt. In diesem Jahr entstand nämlich der Stummfilm „Die Tat des Andreas Harmer" (auch „Der Falschmünzer") unter der Regie von Alfred Deutsch-German. Viele Jahre vor dem „Dritten Mann" wurde im Untergrund und in Sievering gedreht. In der Besetzungsliste finden sich Namen wie Oscar Marion, Anni Rosar und Attila Hörbiger. Der erste österreichische abendfüllende Tonfilm, der in Sievering gedreht wurde, war „Geld auf der Straße" und erschien ebenfalls 1930. In dieser Komödie, Regie Georg Jacoby, hatte ein populärer Wiener Volksschauspieler sein Tonfilmdebüt: Hans Moser, von dem einst Max Reinhardt meinte: „Der Moser ist gar kein Schauspieler, sondern ein Wahrspieler!"

Auch den jungen Schauspieler Hans Thimig, ursprünglich Bühnenschauspieler, reizte das Medium Film und er feierte in „Geld auf der Straße" sein Filmdebüt. Ein Jahr später, 1931, standen im Sieveringer Atelier Hansi Niese, Adrienne Gessner, Hugo Thimig und Attila Hörbiger für den Film „Die große Liebe" vor der Kamera. Es wird Attila Hörbigers erster österreichischer Tonfilm. Hinter der Kamera steht wieder Hans Theyer.

*Im Jahre 1931 führte Max Neufeld Regie in einem weiteren Film mit „der" Niese: „Purpur und Waschblau" (auch „Ihre Durchlaucht – die Waschfrau"), der ebenfalls in Sievering entstand.*

*"Leise flehen meine Lieder" aus dem Jahre 1933 war der Versuch, Franz Schuberts Liebesleben und -leiden filmisch umzusetzen. Es war die erste Filmrolle von Hans Jaray.*

1933 war das Sieveringer Atelier mit der Produktion von zwölf Filmen ausgelastet. In dieser Zeit, in der sich der Tonfilm etablierte, entstand der eigentliche „Wiener Film". Musik wurde zu einem wesentlichen Moment der Dramaturgie und der erste derartige Musikfilm war Willi Forsts „Leise flehen meine Lieder". Es handelt sich dabei um einen Film über Franz Schubert und seiner Arbeit an der Symphonie in h-Moll – der „Unvollendeten". Willi Forst wollte diesen Stoff ursprünglich in Berlin verfilmen, da er jedoch abgelehnt wurde, produzierte er ihn nun in Sievering.

„,Leise flehen meine Lieder' heißt der Film, der einen Abschnitt aus Schuberts Leben zum Inhalt hat und dessen Aufnahmen unter der Regie von Willi Forst soeben in Sievering beendet wurden. Hans Jaray, der beliebte und erfolgreiche ,Jugendliche' des Theaters in der Josefstadt, der auch schon Autorenruhm eingeheimst hat, verkörpert den jungen Schubert und ist von seiner Partnerin, der entzückenden, graziösen, spiel- und singfesten Martha Eggerth, die die Schubert'schen Lieder zum Vortrag bringt, restlos begeistert. Otto Treßler, Raoul Aslan, Anna Kailina, Hans Moser, Hans Olden und – last, but not least – die durch ihr frisches, natürliches Spiel und durch ihr liebes, ungezwungenes Wesen so rasch zu Bühnen- und Filmruhm gelangte junge Wienerin Louise Ullrich vervollständigen die Zahl der Hauptdarsteller. Alles in allem verspricht dieser Film, der in der kommenden Saison im Wiener ,Apollo' zur Uraufführung gelangen soll, ein großer Erfolg zu werden." (Tonfilm – Theater – Tanz)

Die Premiere dieses urösterreichischen Films fand zunächst am 8. Oktober 1933 in Berlin statt, in Wien hingegen erst am 27. Oktober. Und der Erfolg war groß – nicht nur im Inland, sondern auch im Ausland. In Europa begann man vom österreichischen Film als einer künstlerischen Erscheinung mit internationalem Niveau zu sprechen.

28  *Die Jahre nach Kolowrat*

*Dieses Gruppenfoto zeigt Hansi Niese und Attila Hörbiger im Jahre 1931 in einer Drehpause zu dem Film „Die große Liebe".*

*Auf diesem Gruppenfoto ist auch der Kameramann und Regisseur Hans Theyer, Mentor von Franz Antel, am rechten Bildrand zu erkennen.*

Unter der Regie von Paul Fejos entstand 1933 die österreichisch-französische Co-Produktion „Sonnenstrahl" mit Gustav Fröhlich und Annabella im Atelier Sievering.

Paula Wessely und Hans Moser in dem 1933 entstandenen Film „Maskerade".

Doch die Zeiten änderten sich. Nicht nur auf der politischen Bühne wurden diese Veränderungen spürbar, sondern auch im Filmgeschäft. So entstand im Jahre 1935 neben dem reinen Produktionssektor der Tobis-Sascha-Film AG eine eigenständige Firmengruppe des Film-Konzerns – die Tobis-Sascha Ges.m.b.H., die ihre Aufgaben auf dem Gebiet des Filmverleihs und -vertriebes wahrnahm. Die Tobis-Sascha-Film AG hingegen wandelte sich von einer reinen Produktionsfirma in eine Ateliergesellschaft, die in weiterer Folge fremden Produktionsfirmen Hallen, Personal und Technik zur Verfügung stellte. Auch die Einrichtungen für die Entwicklungs- und Kopierarbeiten wurden ab nun vermietet.

Im Jahre 1933 machte eine junge Schauspielerin erstmals in der Presse von sich reden: „Fräulein Maria Holst, eine Schülerin von Stephan Hock und Regisseur Heinz Hanus, hat in dem ersten Piccaver-Tonfilm, dem Kurzfilm ‚Wien beim Wein', erfolgreich debütiert, wirkte dann in dem Abenteurerfilm ‚Öl ins Feuer' mit, der im Sascha-Atelier in Sievering gedreht wurde und erhielt von dort weg ein Engagement nach Paris, wohin die Künstlerin in nächster Zeit übersiedelt." (Tonfilm – Theater – Tanz)

Elfi Cischeck, wie Maria Holst mit bürgerlichem Namen hieß, drehte mit dem ebenfalls blutjungen Regisseur Franz Antel und dem Sohn des bekannten Kameramannes und Regisseurs Hans Theyer, Hans Heinz Theyer, den Kurzfilm „Vagabunden". Die Außenaufnahmen entstanden auf der Enns bzw. an ihren Ufern bei Hieflau, dort, wo sie am wildesten und gefährlichsten ist. Die Atelieraufnahmen entstanden später in Wien. Antels mit viel privatem Kapital gegründete Filmfirma hieß WIFA-Film. Franz Antel erinnerte sich: „Der Dritte neben Antel und Theyer, der für das Zustandekommen des Films verantwortlich ist, ist Ing. Josef Krupka, der Vorgänger des Erfinders der Wasserski, mit dessen Hilfe Wildwasser-, Wasserski- und Faltbootaufnahmen erst entstehen können."

Dieses junge Talent Maria Holst – der Künstlername war übrigens eine Franz-Antel-Kreation, wurde schlagartig für das Medium Film entdeckt. In den folgenden Jahren konnten die Kinobegeisterten sie immer wieder auf der Leinwand bewundern, wie etwa in „Wiener Blut" aus dem Jahre 1942. Das Kriegsende war für sie wie für viele andere Schauspielerkollegen eine harte Prüfung. Erst 1949 wurde Maria Holst „entnazifiziert", einer weiteren heimischen Filmkarriere stand von diesem Zeitpunkt an nichts mehr im Wege.

Zur selben Zeit entstand ein weiterer österreichischer Filmklassiker: „Maskerade", der 1934 auch bei den Filmfestspielen in Venedig ausgezeichnet wurde. Es war die letzte Eigenproduktion der Tobis-Sascha-Film AG und Forsts zweiter Film. „Maskerade" entstand in den Hallen am Rosenhügel unter Mitwirkung von Adolf Wohlbrück, Hans Moser, Olga Tschechowa und einer weiteren großen Film-Neuentdeckung, Paula Wessely, in der weiblichen Hauptrolle.

„Nach über vierzig Jahren sieht man sich den Film mit genauso viel Vergnügen und mit gleichem Interesse an wie am Tag der Premiere. Die Intrige wird mit der sprichwörtlichen Wiener Leichtigkeit geknüpft. Den ganzen Film bestimmt das spontane schauspielerische Talent von Paula Wessely, das voller Lebenswahrheit ist." (Geschichte des Films)

Neben dem reinen Unterhaltungsfilm mit leichter musikalischer Untermalung wurden auch Filme mit starker Musikpräsenz im Sieveringer Atelier hergestellt. Es war die Zeit um 1934, als Joseph Schmidt für das Medium Tonfilm arbeitete. „Wenn du jung bist,

*Joseph Schmidt in einem der wenigen Tonfilme, bevor er Österreich aus politischen Gründen verlassen musste.*

*Unter der Regie von Max Neufeld hatte Joseph Schmidt auch eine Hauptrolle bekommen.*

gehört dir die Welt" (Regie Oebels-Oebström) oder „Ein Stern fällt vom Himmel" (Regie Max Neufeld) sind exemplarische Beweise für Joseph Schmidts filmisches Engagement. Der bedeutendste Film mit ihm und der letzte vor seiner Flucht aus Österreich, die ihn zunächst nach Brüssel führte, von wo er später über Nizza in die Schweiz gelangte, war „Heut' ist der schönste Tag in meinem Leben" im Jahre 1936. Joseph Schmidt starb erst achtunddreißigjährig im Jahre 1942 im Lager Girenbad bei Zürich auf dem Weg in eine neue Freiheit. In dem operettenhaften Film „Frasquita", den Carl Lamac im Jahre 1934 drehte, war ein weiterer Gesangsstar zu bewundern: Jarmila Novotna. Franz Lehar dirigierte eigenhändig das Orchester durch den erweiterten Vorspann dieses Films, bis Schauspieler wie Hans Heinz Bollmann, Heinz Rühmann oder Hans Moser als Besetzung genannt wurden. Und es ist dieser Film, in dem Hans Moser während eines Telefonats den berühmt gewordenen Ausspruch tat: „Ich nuschle?! Ich nuschle nicht!!"

Im Jahre 1935 entstand unter der Regie von Johannes Riemann das Filmlustspiel „Eva", und so manche Außenaufnahme wurde in nächster Umgebung des Ateliers gefilmt. So finden sich Einstellungen, die auf der oberen Sieveringer Straße oder auch auf der Höhenstraße gedreht wurden. Neben Magda Schneider und Hans Söhnker spielen u.a. Hans Moser, Adele Sandrock und Heinz Rühmann. Die Filmstory bietet leichte Unterhaltungskost – eine Mischung aus Liebesglück und schleichendem Standesdünkel, der den Liebenden fast zum Verhängnis wird. Der Film endet nach den obligaten Zwischenfällen und Missverständnissen mit einem Happy End.

Im Jahre 1936 gründete Willi Forst in Wien seine eigene Produktionsfirma mit Sitz im legendären Philipphof hinter der Oper. Der erste Film, den er mit seiner Filmgesellschaft drehte, hieß „Burgtheater". Die Hauptrollen waren mit Hortense Raky und Werner Krauss besetzt; in weiteren Rollen agierten Willy Eichberger, Hans Moser und O.W. Fischer. Die Dreharbeiten dauerten vom 20. Juli bis Ende September, vier Wochen wurde am Rosenhügel, danach ebenfalls vier Wochen in Sievering und abschließend zehn Tage im Burgtheater gefilmt. Das fertige Werk wurde schon zwei Jahre vor dem Anschluss Österreichs an das „Dritte Reich" vom Reichspropagandaminister begutachtet und bewertet. Dazu gibt es eine Tagebucheintragung Goebbels' vom 8. November 1936: „Zuhause Filme angeschaut: ‚Burgtheater' von Willi Forst. Ein guter Film, aber Forst hat bessere gemacht. Werner Krauss, der die Hauptrolle spielt, ist mir für den Film zu pathetisch. Und das ganze Wiener Milieu passt mir nicht. ‚Julika' (ein anderer Verleihtitel lautet „Ernte") mit der Wessely. Noch gemachter! Die Wessely stark, manieriert, oft zu laut, keine Abtönung, nur manchmal zu großer Menschlichkeit sich erhebend."

Und am 12. November 1936 schrieb Goebbels: „Abends große Gesellschaft [...] Auch der Führer ist da. Er ist sehr guter Laune und zu uns allen so nett. Wir freuen uns ihm einen schönen Abend machen zu können. Wir sehen den Film von Helga und Hilde, unseren Kindern, der große Begeisterung erweckt. Und noch mal ‚Burgtheater' von Forst. Der fällt ganz durch. Eine scheußliche Missgeburt."

Im Jahre 1937 kam es de facto zum Ende der von Graf Sascha Kolowrat gegründeten Filmfirma. In diesem Jahr gelangte nämlich ungefähr die Hälfte des Aktienpaketes der Tobis-Sascha-Filmindustrie AG in die Hände der Cautio Treuhand GmbH. Die Firma, die bereits seit 1929 bestand, war schon längere Zeit im Dienste der deutschen Reichsregierung aktiv und wurde von den Machthabern des „Dritten Reiches" zur Erlangung der Kontrolle über den deutschen Film- und Pressesektor benützt. An der Spitze dieser Firma stand Max Winkler, der einst Finanzberater von Stresemann und Brüning gewe-

## Die Jahre nach Kolowrat

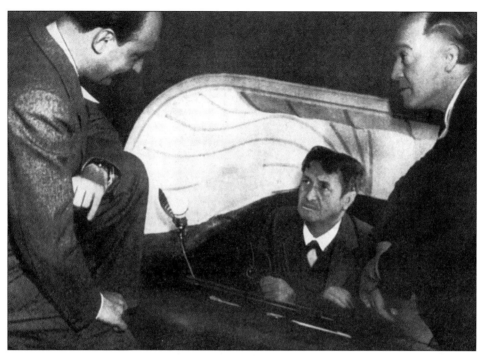

*Im Jahre 1936 führte Willi Forst Regie in dem Film „Burgtheater". Auf dieser Aufnahme ist er gemeinsam mit Hans Moser und Werner Krauss zu sehen.*

*Ein heuchlerisches Schreiben des Büros von Dr. Winkler an die Tobis-Sascha-Film AG, erfolgte doch die Eintragung der neuen Firma, der Wien-Film, ins Handelsregister zu Wien am 27. Dezember 1938, just an dem Tag, an dem dieses Schreiben auf dem Tisch des Prokuristen der Tobis-Sascha lag.*

sen war und die Wahlkampagne für die Präsidentschaft Hindenburgs geleitet hatte. Seit Hitlers Machtantritt stand er in Goebbels' Diensten. Mittels der Tarngesellschaft Cautio Treuhand GmbH führte Winkler schließlich auch in Österreich den Ankauf von privaten Filmfirmen für das Deutsche Reich durch und bereitete damit die kulturelle Annexion Österreichs vor. Durch die Beschlagnahmung jüdischen Besitzes, die im Frühjahr 1938 noch unter der Regierung Schuschnigg einsetzte und sich nach der Besetzung Österreichs im März verstärkte, eignete sich vorerst die österreichische Regierung einen großen Anteil der verbliebenen Hälfte des Aktienkapitals der Tobis-Sascha an. Die restlichen Anteile des jüdischen Kapitaleigners Oskar Pilzer übernahm zunächst treuhändisch die Österreichische Creditanstalt-Bankverein, veräußerte aber im Laufe des Jahres 1938 ihren Aktienanteil an die Cautio-Treuhand GmbH. Die Cautio war schließlich im Besitz des gesamten Aktienpaketes der Tobis-Sascha. Der Gründung einer reichsmittelbaren Filmproduktion auf ehemals österreichischem Boden stand folglich nichts mehr im Wege.

Ein knappes Jahr nach dem Anschluss Österreichs an das Reich war es nur mehr ein kleiner Schritt, die österreichische Filmfirma Tobis-Sascha in einem gesamtdeutschen Filmkonzern aufgehen zu lassen. Und die Zeit nahte, in der es keine österreichische Filmproduktion mehr gab – ganz zu schweigen von einem eigenständigen Staate Österreich.

# 4. Anpassung oder Subversion – die Jahre 1938 bis 1945

Österreich war, nachdem 1934 die Opposition blutig niedergeschlagen worden war, ein klerikaler Staat mit faschistoiden Zügen. Die Tobis-Sascha-Film AG und andere arbeiteten bereits mit Nazi-Deutschland zusammen, wo schon ein Jahr zuvor die Nationalsozialisten an die Macht gekommen waren. Unter Reichspropagandaminister Joseph Goebbels wurde der Film zum Propagandainstrument, zum „Nationalen Führungsmittel". Durch die Gründung der Reichsfilmkammer wurden alle Filmschaffenden im Rahmen der Reichskulturkammer einheitlich zusammengefasst. Das Reichsministerium für Volksaufklärung und Propaganda wurde zur obersten staatlichen Instanz für Filmfragen und es kam auch zur Schaffung der Stelle eines Reichsfilmdramaturgen, der in Form einer Vorprüfung den Einfluss des Staates auf die Wahl der Stoffe und ihre künstlerische Gestaltung wahrte. Damit wurde die totale Zensur eingeführt.

In Österreich waren die Verhältnisse zunächst noch nicht ganz so radikal. Stars wie Alfred Piccaver, Jarmilla Novotna und Joseph Schmidt machten in Sievering noch Gesangsaufnahmen – nach dem Anschluss Österreichs änderte sich die Situation jedoch schlagartig. Bereits im Jahre 1935, am 8. November, schrieb der Landesleiter der verbotenen NSDAP-Österreich, Leo Klauser, an den Staatskommissar Hans Kinkel: „Gleichzeitig gestatte ich mir, Ihnen die Personalverhältnisse bei der ‚Tobis-Sascha' in Wien anliegend bekannt zu geben. Ich habe schon seinerzeit, d.h. vor Auflösung der Landesleitung Österreich der NSDAP, bei Dr. Henkel der ‚Tobis' in Berlin immer wieder versucht durchzusetzen, dass in die gänzlich verjudete ‚Tobis-Sascha-Film' allmählich Arier und Nationalsozialisten eingestellt werden. [...] Wie Sie aus der Beilage ersehen können, haben meine Vorstellungen nicht all zuviel genützt. Lediglich Dr. Schindelka der Landesfilmstelle Österreich wurde auf meine Anregung hin eingestellt. Die anderen Nationalsozialisten befinden sich in untergeordneten Stellungen und haben selbstverständlich nichts in der ‚Tobis-Sascha' mitzureden."

Ab 12. März 1938 kam es zu Verhaftungswellen und Deportationen. Zehntausende verließen das Land, darunter auch viele Kulturschaffende. Künstler wie Fritz Grünbaum oder Jura Soyfer wurden im KZ ermordet. Das Medium Film kam von nun an massiv für Propagandazwecke zum Einsatz. Die deutsche und in weiterer Folge auch die einstige österreichische Filmproduktion war dem Reichsministerium für Volksaufklärung und Propaganda untergeordnet. Für die einstige Tobis-Sascha-Film AG, jenen Firmenzweig, der für die Produktion verantwortlich zeichnete, bedeutete dies die Umwandlung in die 1938 gegründete Wien-Film Ges.m.b.H. Diese unterstand in weiterer Folge den Anweisungen und der Aufsicht Berlins. Die Verleih- und Vertriebsagenden der Tobis-Sascha Ges.m.b.H. selbst wurden dem Reichsministerium direkt übertragen und die Firma gelöscht. Von Berlin aus erfolgte nun die Steuerung der gesamten Filmproduktion in den einzelnen Zweigbetrieben – in Wien waren dies Rosenhügel, Sievering und Schön-

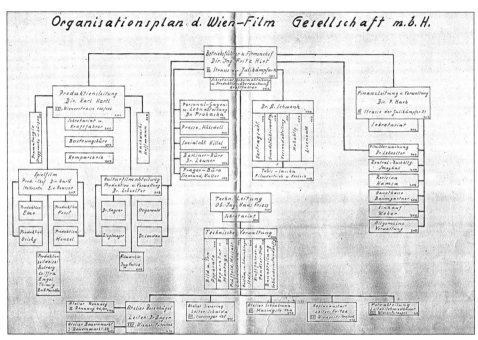

*Der Organisationsplan der Wien-Film.*

brunn. Goebbels hatte schon im Jahre 1933 diese vorrangige Aufgabe des Mediums Film in einer Rede festgelegt: „Die nationale Revolution wird sich nicht nur auf die Politik begrenzen, sondern sie wird übergreifen auf die Gebiete der Wirtschaft, der allgemeinen Kultur, der Innen- und Außenpolitik und auch des Films." (Filmspiegel)

Der Kinofilm hatte von nun an also in erster Linie Propagandafunktion und erst in zweiter Linie Unterhaltungscharakter. Letzteres Kriterium war die Aufgabe der Wiener Produktionen, wo verhältnismäßig wenig reine Propagandafilme und diese erst gegen Kriegsende entstanden. Dazu gehörte der im Jahre 1941 in Wien gedrehte Film „Heimkehr", der die fragwürdige Polen-Politik Hitlers zu rechtfertigen versuchte. In den Hauptrollen des von Gustav Ucicky verfilmten nazistischen Politstreifens findet man die große Dame des österreichischen Filmes und Theaters, Paula Wessely, sowie ihren Ehemann Attila Hörbiger. Gedreht wurde u.a. in Sievering sowie in Ostpreußen. In diesem Zusammenhang wurde von offizieller Seite Wesselys Schaffen „als heutige Saat und Ernte" betrachtet. Paula Wessely und Attila Hörbiger sollten jedoch solche Lobeshymnen – wie auch vielen anderen anerkannten Schauspielern – in späteren Jahren nicht zum Ruhme gereichen. Der Film „Heimkehr" wurde in Wien am 10. Oktober 1941 im „Apollo-Kino" uraufgeführt. Als Beispiel des sehr tendenziösen Inhalts des Films, in dem Slawen und Juden als Untermenschen dargestellt werden, sei eine von Wessely gespielte Passage angeführt: „Es ist ihnen sicher nicht egal, wie es uns geht. Im Gegenteil, ach, das hat mir Fritz immer gesagt: Sie interessieren sich sehr für uns. Und warum sollten wir da nicht heimkehren dürfen, wenn wir nur wollen. Denkt doch bloß, Leute, wie das sein wird! Denkt doch bloß, wenn um uns 'rum lauter Deutsche sein werden: Und nicht, wenn Du in einen Laden reinkommst, dass da einer jiddisch redet oder polnisch, sondern deutsch. Und nicht nur das ganze Dorf wird deutsch sein, sondern ringsum und rundherum wird alles deutsch sein. Und wir, wir werden so mitten drinnen sein im Herzen Deutschlands. Denkt doch bloß, Leute, wie das sein wird: Und warum soll das nicht sein? Auf der guten, alten, warmen Erde Deutschlands werden wir hier wohnen."

Paula Wessely und Attila Hörbiger sind jedoch keineswegs als bedingungslose Befürworter des „Dritten Reiches" anzusehen. Aber der diktatorische Staatsapparat verschaffte ihnen eben Arbeit und Anerkennung. Ihr Schwager bzw. Bruder, der beliebte Volksschauspieler Paul Hörbiger, wurde hingegen aufgrund seiner Kontakte zur Widerstandsbewegung Jahre später sogar zum Tode verurteilt – das Kriegsende rettete ihn jedoch. Allen Genannten war in der Zeit ihrer größten Triumphe nicht bewusst, dass sie als Mittel und Werkzeug der Reichspropaganda dienten, die sehr wohl auf den einzelnen zu verzichten wusste, wenn es die Lage erforderte.

Goebbels meinte in einer Rede vom 9. Februar 1934, das Wesen des deutschen Unterhaltungsfilmes zu kennen, das vielleicht für das Alt-Reich symptomatisch war, jedoch sicherlich nicht für die Produktion der späteren Ostmark: „Wir wollen in der Kunst kein Milieu, das es im Leben nicht gibt, und wir wollen keine Typen, die wir im Leben nicht wieder finden können. Wenn wir in das Theater gehen und auf die Bühne oder die Leinwand schauen, so möchten wir auch sagen können: so ist das Leben! Wenn der Nationalsozialismus eine Weltanschauung ist, dann erstreckt er sich auf das ganze Leben. Überall im öffentlichen Leben finden wir die Wiederkehr einer edlen, solidarischen Gesinnung, einer Gesinnung, die alle umschließt und in der Gesinnung alle gleich macht, eine Gesinnung, die in jedem Wort, in jeder Handlung, in dem Verhältnis der Menschen zueinander und in dem Verhältnis der Menschen zum Staat immer und immer wieder zum Ausdruck kommt. Diese Gesinnung möchte ich auch in der Kunst wieder finden und diese Gesinnung will auch das deutsche Volk." (Filmspiegel)

Und so paradox es klingen mag, in der Zeit, in der es kein Österreich gab, wurden in Wien die typisch österreichischen Themen verfilmt. Ob nun Kaiserzeit oder Walzer und Operettenromantik im Mittelpunkt standen, Österreich als Nation war immer unterschwellig das Leitthema des damaligen Filmschaffens. Und das ganz im Sinne von Goebbels: „Wenn wir [...] auf die Leinwand schauen, so möchten wir sagen können: so ist das Leben!"

Willi Forst, der Wien-Film-Produktionen wie „Operette" (1940), „Wiener Blut" (1942) oder seine 1944 begonnenen, erst 1949 fertiggestellten „Wiener Mädeln" drehte, sagte nach 1945: „Meine Heimat wurde von den Nazis besetzt, und meine Arbeit wurde zu einem stillen Protest. Es klingt grotesk, aber entspricht der Wahrheit: Meine österreichischsten Filme machte ich in der Zeit, als Österreich zu existieren aufgehört hatte. Was ich damals gemacht habe, wurde immer bewusster zum Programm: Freude zu bereiten. Klarerweise war das nicht in der Gegenwart jener Zeit zu finden, deshalb spielten so gut wie alle meine ersten Filme in vergangenen Tagen. Ich gebe zu, es war nicht allein die geistige Haltung, es war im hohen Maße auch ein Schutz gegenüber den Wünschen des Herrn Propagandaministers."

Dass Wien die zweite Filmmetropole des „Dritten Reiches" neben Berlin wurde, hatte mannigfaltige Gründe. In Wien gab es bereits vor dem Anschluss eine international geachtete und arrivierte Filmproduktion. Allerdings hatten viele Filmschaffende Österreich in den Dreißigerjahren aus produktions- und finanztechnischen Gründen verlassen, nachdem der Film-Weltmarkt endgültig von Amerika erobert worden war.

„Das" Premierenkino für viele renommierte Filme war und ist das „Apollo-Kino" im 6. Wiener Gemeindebezirk.

Ihnen folgten die Schauspieler und das Gros des technischen Personals. Manche gingen freiwillig, die meisten mussten jedoch emigrieren, um ihr Leben zu retten. Unter ihnen waren die Filmschaffenden Billy Wilder, Fred Zinnemann, Georg Wilhelm Pabst, Erich von Stroheim und Otto Preminger. In dieser Zeit hatte Österreich einen gewaltigen – nicht nur künstlerischen – Aderlass zu verkraften.

Die NS-Propaganda bewertete den Anschluss jedoch als eine Art Hilfsaktion, auch für den Film: „Die Jahre bis 1938 waren Notzeiten des Wiener Films. Es gab überhaupt keine regelrechte Produktion, sondern eher nur Gelegenheitsarbeiten, was allerdings einzelne hervorragende Leistungen nicht ausschloss. Besonders die ‚Tobis-Sascha' hat durch die Initiative ihres Generaldirektors Ing. Fritz Hirt, durch enge Zusammenarbeit mit dem Reich den Wiener Film wenigstens einigermaßen am Leben erhalten können. [...] Der Anschluss Österreichs an das Reich hat dann nicht nur den Wiener Künstlern, sondern auch dem Wiener Film selbst eine neue, gesunde und dauerhafte Existenzbasis gegeben." (Filmspiegel)

Und tatsächlich war die Etablierung der Wien-Film ohne die politischen Veränderungen des Jahres 1938 nicht denkbar. Die neuen Machthaber gründeten diese neue Produktionsstätte in Wien trotz oder gerade wegen des vorhandenen Potentials. Franz Antel erzählte darüber „Und was war näher liegend, als die Wiener Filmschaffenden zu holen, die waren aber alle damals in Berlin. Es waren damals Gustav Ucicky, Willi Forst, Karl Hartl, sie alle waren in Berlin bei der UFA oder anderswo. Und die holte man zusammen nach Wien und gründete die Wien-Film mit vier Produktionsgruppen."

In Wien herrschte zudem damals im Gegensatz zu Berlin eine beinahe idyllische Ruhe und es bot außerdem weitere Vorteile, wie eine reizvolle Landschaft und die kaiserlichen Prunkbauten, die gleich vor den Toren der Filmstudios lagen und sich für die

Produktion von leichten Unterhaltungsfilmen sehr gut eigneten. Dieses Film-Genre gewann mit Andauern des Krieges zunehmend an Bedeutung, diente es doch dazu, den grauen Kriegsalltag vergessen zu lassen.

Um Wien wirklich zur zweiten Filmmetropole des Reiches machen zu können, trug man sich in Berlin mit dem Gedanken, die Atelieranlagen in Sievering bzw. am Rosenhügel zu vergrößern und dem internationalen Standard anzupassen. In unmittelbarer Nähe der Rosenhügel-Ateliers war sogar ein Flugplatz geplant, der dazu dienen sollte, die deutschen Filmgrößen bei Dreharbeiten in Wien möglichst rasch in die Wiener Ateliers bringen zu können. Der „Unsterbliche Walzer" (1939) wurde mit einem Großaufgebot an walzertanzenden Statisten die erste Produktion der neuen Wien-Film.

Über 50 Filme dieser Art wurden mit großem Aufwand an Mitteln und Zeit produziert. Für einen Film wurden, um effektiv zu arbeiten, Szenen in allen drei Wiener Ateliers gleichzeitig aufgebaut und abgedreht. Die Wien-Film-Studios am Rosenhügel und in Sievering hatten zu dieser Zeit ihre maximale Auslastung während ihres Bestehens. Für Außenaufnahmen wurden gern das altertümlich verträumte Ambiente von Sievering und anderen Teilen Wiens herangezogen.

Unter der Regie von E.W. Emo drehte Hans Moser noch im Jahr 1938 seinen ersten Film nach dem Anschluss Österreichs. „13 Stühle" lautet der Titel dieses Films, in dem Heinz Rühmann, Karl Skraup, Richard Eybner sowie Rudolf Carl Mosers Partner sind. Die Filmmusik schrieb Nico Dostal. Moser, der mit einer Jüdin verheiratet war, litt wie viele andere unter der Verfolgung der Juden. Doch der Reichspropagandaminister benötigte ihn. Moser symbolisierte für ihn den typischen Raunzer im Film. Dieser war für Goebbels das Ebenbild des Ostmärkischen, das erst zu einem „guten Deutschtum" erzogen werden musste. Mosers subversiver Humor und seine Gestik machten ihn zum Liebling des Publikums und durchkreuzten so manche Pläne der Herrschaften in Berlin. Wie sehr sich die Herrschenden selbst ein Urteil im Sinne ihrer Macht bildeten, findet sich im Tagebuch von Goebbels am 5. Februar 1939: „Nachmittags Filmprüfung. Bel Ami, eine neue Willi-Forst-Produktion, mit ihm selbst, Riemann, Dohm und einer Unzahl schöner Frauen. Ein frecher Film, vielleicht ein bisschen zu frech, aber ganz großartig gemacht. Die Tendenz ist zeitweilig etwas frivol, am Schluss dann besser. Vielleicht einige Schnitte noch, und dann herausgeben. Es wird ein Riesengeschäft werden."

Ebenfalls 1939 entstand „Anton der Letzte" in den Ateliers Rosenhügel und Sievering. Die Wiener Premiere fand im selben Jahr, am 1. Dezember, statt. Regie führte E.W. Emo und auf der Besetzungsliste sind Namen wie Hans Moser, Otto Wilhelm (O.W.) Fischer, Elfriede Datzig und Siegfried Breuer zu lesen.

„Krambambuli" nach Marie von Ebner-Eschenbachs Vorlage wurde unter der Regie von Karl Köstlin in Sievering und im Salzkammergut verfilmt. Es war das erste Mal, dass der Stoff filmisch verarbeitet wurde. Nach dem Krieg griff eine Reihe von Antel-Remakes das Thema wieder auf. Für diese erste Film-Fassung schrieb Josef Friedrich Perkonig gemeinsam mit Rudo Ritter das Drehbuch.

Ab dem Produktionsjahr 1940 gab die Wien-Film auch eine eigene Werkzeitschrift, eine Mitarbeiter-Zeitung unter dem Namen „Wien-Film-Band", heraus. Auszeichnungen, Beförderungen, Vermählungen und Geburten wurden der Gefolgschaft ebenso zur Kenntnis gebracht wie neue Filmprojekte. Außerdem wurden die einzelnen Abteilungen und Produktionsgruppen durch eigene, in Erlassform gehaltene Rundschreiben informiert, wie etwa im Rundschreiben P17: „Rundschreiben P17 An alle Abteilungen! Wir

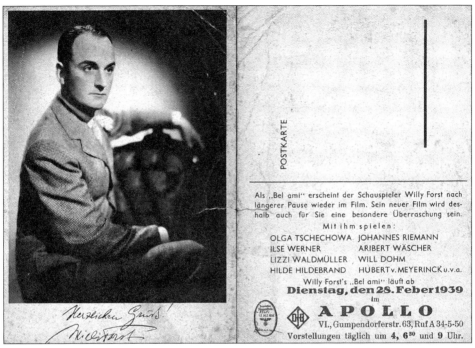

Eines der Werbemittel, mit denen man für den Film „Bel Ami" Aufmerksamkeit zu wecken suchte.

Willi Forst und sein Stab auf Weg zu Außenaufnahmen zu dem Film „Ich bin Sebastian Ott".

*Im Jahr 1939 produzierte Willi Forst seinen ersten Kriminalfilm in Sievering, in dem er auch eine Doppelrolle spielte. Der Film „Ich bin Sebastian Ott" entstand nach einer Literaturvorlage Erich Kästners, der zu diesem Zeitpunkt bereits verboten war und nur mittels Pseudonym literarisch agieren konnte. Willi Forst und Axel Eggebrecht verfassten das Drehbuch. Neben Forst, der gemeinsam mit Viktor Bekker Regie führte, spielten u.a. Paul Hörbiger, Trude Marien sowie Hans Holt und Gustav Diessl.*

*Bei den Dreharbeiten zu „Das jüngste Gericht" im Jahre 1939 war Franz Antel Produktionsleiter. Unter der Spielleitung von Franz Seitz, wie das damals undeutsche Wort Regie umschrieben wurde, entstanden in Sievering die Innenaufnahmen, die Außenaufnahmen wurden in Waidhofen/Ybbs gedreht. Die Hauptrollen waren mit Susi Nicoletti und Hans Holt besetzt.*

## Anpassung oder Subversion – die Jahre 1938 bis 1945

Im Produktionsjahr 1939/40 entstanden die Filme „Donauschiffer" und „Krambambuli". In „Donauschiffer" spielten unter der Regie von Robert A. Stemmle Attila Hörbiger, Hilde Krahl, Paul Javor, Hugo Gottschlich und der Ringer Adi Berber.

Aus diesem Jauner-Stoff wurde der Forst-Film „Operette" mit Maria Holst, Willi Forst, Paul Hörbiger, Siegfried Breuer, Curd Jürgens und Leo Slezak. Drehorte waren u.a. die Aufnahmehallen von Sievering, das Theater an der Wien und das Carl-Theater.

bitten zur Kenntnis zu nehmen, dass der 1. Forst-Film (Jauner-Stoff, Titel noch nicht bekannt) die Nummer 115 hat. WIEN-FILM Gesellschaft m.b.H. Wien, am 4. Mai 1940 EW/WO/W."

Willi Forst spielte den aufstrebenden und von Ehrgeiz und Liebe zur Gegenspielerin aufgepeitschten Theaterdirektor und Schauspieler Franz von Jauner, dessen Stern zu sinken beginnt, als das Ringtheater in Flammen steht. Seine Gegenspielerin im Kampf um den Siegeszug der Operette ist Marie Geistinger, dargestellt von Maria Holst. Das Drehbuch stammte von Willi Forst und Axel Eggebrecht, der mit Berufsverbot belegt war. Nur durch Forsts Einschreiten konnte Eggebrecht auch weiterhin in diesem Metier arbeiten. Das Drehbuch hielt sich nicht an alle historischen Fakten und es überwog der Unterhaltungs- und Show-Charakter. Die Uraufführung des Filmes fand am 20. Dezember 1940 in der „Scala" in Wien statt, die bereits am 29. September 1931 als Tonfilmtheater anstelle des ehemaligen Johann-Strauß-Theaters eröffnet worden war. Die „Scala" zählte in späterer Zeit neben dem „Apollo-Kino", das am 11. September 1929 eröffnet worden war, zu den traditionellen Premierenkinos Wiens. Eine Tagebucheintragung von Goebbels vom 16. Dezember 1940 bezieht sich auf die Uraufführung des neuesten Forst-Films: „Abends Wochenschau: nicht ganz so gut geworden. Muss noch umgearbeitet werden. Forst-Film ‚Operette': Ein großartiger Film, spritzig, musikalisch. Nur schade, dass Forst selbst die Hauptrolle spielt. Er ist kein Typ für heute."

Dass Forst „kein Typ für heute" war, wusste er. All sein Tun und Walten hing an einem dünnen Faden, seinem Können. Hitler selbst hatte nie einen Film Forsts bis zum Ende gesehen, weil er „dessen jüdische Physiognomie" nicht ertragen konnte. Trotz dieser Abneigung der Mächtigen des Reiches gelang es Willi Forst, weiter drehen zu dürfen. Einer der Gründe war mit Sicherheit die Publikumswirksamkeit seiner Filme, gepaart mit dem von Goebbels sonst so verachteten „Wiener Charme". Selbst in der Zeit des Totalitarismus und der Unterwerfung unter die politische Diktatur blieb der Film „made in Ostmark" österreichisch und sein Witz subversiv. Ein Beispiel dafür findet man etwa im 1940 hergestellten Film „Wiener G'schichten" mit Hans Moser, Paul Hörbiger, Marte Harell und Oskar Sima. Folgende Textpassage dürfte der Berliner Zensur als harmlos und der „Reichssache nicht gefährlich" entgangen sein. Paul Hörbiger als Ober im vertraulichen Gespräch mit Gast 1 bzw. Gast 2, über die „herrschende Alltagssituation", ein Kaffeehaus-Tratsch wienerischer Prägung:

*Gast 1: Na, lieber Ferdinand, was gibt's denn Neues?*
*Ober: Eigentlich gar nichts, Exzellenz. Im Parlament gibt es ja leider augenblicklich gar keine Meinungsverschiedenheit. Es gibt jetzt keine Debatten mehr. Das waren halt noch Zeiten, wo noch Exzellenz doch noch im Parlament als Abgeordneter gesprochen haben.*
*Gast 1: Haben Sie mich einmal sprechen g'hört?*
*Ober: Gehört nicht, Exzellenz, aber gesehen.*
*Gast 1: Wieso?*
*Ober: Es war immer schon so: Kaum haben Exzellenz den Mund aufgemacht, haben die anderen Herren Exzellenzen ein derartiges Pfeifkonzert inszeniert, dass man kein Wort mehr verstanden hat.*
*Gast 2: Also, was ist denn, Himmel-Herrgott! Zahlen, Ferdinand!*
*Ober (zu Gast 1): I komm' ja schon, Herr Stanglberger!*
   *Entschuldigen's schon, Herr Exzellenz, ich muss da jemand zur Ordnung rufen.*

Das aus diesem Film bekannte Lied „Ja, das sind halt Wiener G'schichten", verfasste Heinz Marischka, die Musik schrieb Hans von Frankowsky. Und das Lied „Der Wiener braucht sein Stammcafé" wurde von Hans Moser gesungen. Diese Melodie weist starke Parallelen zum Hauptthema der „Symphonie Fantastique" von Hector Berlioz auf, nur wird hier im Film der drohende Hexensabbat auf Wienerisch mit einem Schaler'l Kaffee intoniert. Regie führte Geza von Bolvary, produziert wurde im Studio Rosenhügel. Goebbels war mit diesem Film zufrieden: „Wieder ein toller Schneesturm; das ist ein gänzlich verrücktes Jahr. Draußen machen die Kinder Allotria und Helga ist die Königin, ein ganz bezauberndes Kind: so süß, so lieb und so selbstsicher. Mit ihr und Hilde noch schnell ein Film der Wien-Film ‚Wiener G'schichten' mit Hörbiger und Moser geprüft. Wieder einmal ausgezeichnet geworden."

Ein Jahr später, 1941, entstand „Liebe ist zollfrei" unter der Regie von E.W. Emo, wieder mit Hans Moser. Diesmal spielte er den altösterreichischen Zollinspektor Hasenhüttl. Am Rosenhügel und in Sievering standen Maria Eis, Oskar Sima, Fritz Imhoff und Karl Skraup vor der Kamera. Ebenfalls 1941 entstand im Atelier Rosenhügel ein weiterer typischer Moser-Film: „Wir bitten zum Tanz" wie er später hieß, der ursprüngliche Produktionstitel lautete einfach „Tanzschule". Mosers Tanzschulkontrahent wurde von Paul Hörbiger dargestellt. Elfie Mayerhofer und Hans Holt waren das jugendliche

*In „Wiener Blut" verkörperten Hedwig Bleibtreu, Hans Moser und Theo Lingen das harmlos scheinende Wienertum, das von der Reichsfilmkammer noch toleriert wurde.*

*Ein weiterer Darsteller in „Wiener Blut" aus dem Jahre 1942 war Fritz Imhoff. Trotz auferlegten strengen Richtlinien entgingen der zentralen Zensurstelle so manch pointierte Seitenhiebe auf bestehende Verhältnisse.*

Liebespaar, dem der grantelnde Vater Moser ein gemeinsames Eheglück schließlich doch nicht verwehren kann.

Ab September 1941 entstand ein weiterer bedeutender Vertreter des sogenannten „Wiener Films", wiederum in allen drei Wien-Film-Studios am Rosenhügel, in Schönbrunn und Sievering, „Wiener Blut". Was den typischen Wiener Film ausmachte, fasste Willi Forst im Vorspann zu diesem Film treffend zusammen. In dieser Anfangssequenz mischte der alte Hexenmeister die nötigen Ingredienzien für einen erfolgreichen Film vor laufender Kamera: Humor, Leichtsinn, Herz, ein ganz wenig Historie und viel Musik. Dieses Grundrezept half später, mit den verschiedensten „historischen Variationen" das typisch Wienerische weit über die Grenzen zu tragen, über die Grenzen eines Landes, das es im Grunde nicht mehr gab.

„Wiener Blut" spielt zur Zeit des Wiener Kongresses. Amouröse Affären kamen ebenso vor wie der „tanzende Kongress", der schon längst nicht mehr tagte, sondern sich auf das Parkett des Ballsaales verlegt hatte. Wie es Forst im Vorspann schon „angedroht" hatte, waren die historischen Gegebenheiten mehr als frei erfunden. Der historische Wiener Kongress fand von September 1814 bis Juni 1815 statt – Johann Strauß Sohn, dessen Walzer „Wiener Blut" dem Film seinen Titel gab und dessen Melodie von Maria Holst und Dorit Kreysler gesungen wurde, kam jedoch erst zehn Jahre später, 1825, zur Welt und der Walzer selbst entstand überhaupt erst im Jahre 1873. Doch solch kleine Ungereimtheiten taten dem Erfolg des Werkes keinen Abbruch.

Während auf den Schlachtfeldern des Zweiten Weltkrieges Menschen verbluteten, unterhielten Hans Moser, Theo Lingen und Fritz Imhoff das Publikum, das dem Alltag entfliehen wollte, in glanzvollen, humorigen Szenen. Hans Moser und Fritz Imhoff lieferten sich in „Wiener Blut" ein heftiges Rededuell, das jedoch mehr sein wollte als nur Unterhaltung und Ablenkung. Die wienerische Schimpf-Kanonade wurde zu einem Protest gegen die Sprache der Herren aus Berlin. Weitab von der kriegerischen Realität schwelgte man in Kongress- und Biedermeierseligkeit. Massenszenen mit einer Unzahl prunkvoller Damen und schneidiger Offiziere stellten die heile Welt von gestern dar. Auch das war eine Form der nationalsozialistischen Propaganda, die dem Volk bis zuletzt eine Zukunft vorgaukelte. Die Premiere erlebte Forsts unpolitisches „Wiener Blut" am 2. April 1942 in Wien.

Ganz österreichisch und amourös geht es auch in „Brüderlein fein" zu, schließlich wird das Liebesleben Ferdinand Raimunds genauer unter die Lupe genommen. Hans Thimig drehte diesen Film in allen drei Wien-Film-Studios in der Zeit von Juli bis Dezember 1941. Weitere Aufnahmen entstanden im Theater an der Wien, auf dem Kahlenberg, im Prater und im Lainzer Tiergarten sowie in Gutenstein. Hans Holt, Paul Hörbiger, Winnie Markus sowie Jane Tilden und Hermann Thimig bemühten sich um Raimunds „Fast"-Biografie.

Willi Forst war etwas bescheidener, was die Drehorte für seinen Film „Frauen sind keine Engel" betraf. Ab September 1942 entstanden kunstvolle Dekorationen im Atelier Rosenhügel und Sievering. Nach dem Drehbuch von Geza von Cziffra agierten Marte Harell, Hedwig Bleibtreu, Axel von Ambesser, Curd Jürgens, Camilla Gerzhofer u.a. Die spritzige Musik stammte aus der Feder von Theo Mackeben.

Als am 18. Februar 1943 Goebbels im Berliner Sportpalast den „totalen Krieg" verkündete, begann ein neues, aggressiveres Kapitel in der Geschichte des Deutschen Reiches. Die schreckliche Schlacht um Stalingrad hatte im vorhergegangenen Winter 1942/43 zur Vernichtung der 6. deutschen Armee geführt. Die Auswirkungen des nun proklamierten „totalen Krieges" fand auch in den deutschen Wochenschauen ihren Niederschlag. Jetzt ging es darum, das Volk davon zu überzeugen, dass Opfer jedes Einzelnen notwendig wären, um den Krieg zu gewinnen. Der Spielfilm hingegen hatte eine ganz andere Aufgabe; dem Reichspropagandaminister und den anderen Führenden des Reiches war klar, dass der Zuschauer im Kino Zerstreuung vom Kriegsalltag suchte. Bei der Produktion von Unterhaltungsfilmen überwog deshalb von nun an das leichte Repertoire, vor allem musikalische Lustspiele.

Eines dieser Filmlustspiele war „Der weiße Traum". Dieser Film war eine Art Vorläufer der nach dem Krieg entstehenden, sehr beliebten Eisrevuefilme – eine leichte Mischung aus etwas Handlung mit viel Musik und eistänzerischen Elementen. Die Hauptrollen wurden mit Olly Holzmann und Wolf Albach-Retty besetzt. Weiters spielten Lotte Lang, Oskar Sima, Fritz Imhoff, Hans Olden, Rudolf Carl und der siebenfache Eislauf-Weltmeister und Olympia-Sieger in Eiskunstlauf Karl Schäfer mit. Im Jahr 1943, dem Jahr nach Stalingrad, sollte der „Weiße Traum" dem Publikum Aufmunterung und Entspannung bringen. Dieser Eisrevue-Film war der größte Revuefilm des „Dritten Reiches". An Mitteln wurde nicht gespart. Das Publikum sollte die Tristesse des Krieges wenigstens für Stunden vergessen. Selbst Jazzrhythmen, Stepptanz und New York als Eisrevue-Kulisse waren auf einmal erlaubt, wenn es nur die Stimmung hob. Gedreht wurde ab Februar 1943 großteils in Hernals, in der Engelmann-Arena, und in Sievering.

*Anpassung oder Subversion – die Jahre 1938 bis 1945*    47

*Karl Schäfer bei der Olympiade 1936, bei der er Platz 1 in der Kategorie Eiskunstlauf erlangte.*

Das Drehbuch stammte vom Regisseur Geza von Cziffra. Die Musik schrieb Anton Profes und das Lied „Kauf dir einen bunten Luftballon" wurde achtzehn Jahre später, 1961, zum Titel des ebenfalls von Cziffra gedrehten Remakes, in dem Toni Sailer den Part von Wolf Albach-Retty übernahm.

Zurück in das Jahr 1943, in dem die Liebeskomödie „Die kluge Marianne" in Sievering entstand. Paula Wessely als „kluge Marianne" war die tragende Figur in diesem „Noch"-Schwarz-Weiß-Film. Weitere Figuren wurden von Hermann Thimig, der auch gleichzeitig Regie führte, Attila Hörbiger und Hans Holt verkörpert. Dieser Film war zwar ein Stückchen Seifenoper, nach der Masche der Herren aus Berlin gestrickt, trotzdem klang das Wienerische durch.

Ebenfalls 1943 wurde ein Arbeitslager für Fremdarbeiter in Sievering errichtet. Bauherr war niemand geringerer als die Wien-Film. Es entstand eine hölzerne Baracke auf dem Grundstück Sieveringer Straße 99, das Jahre später von Rudolf Schachinger, einem Wien-Film-Mitarbeiter, in ein Heurigenlokal umfunktioniert wurde.

Im Rundschreiben Nr. P34 vom 11. Juni 1943 wurde den Wien-Film-Mitarbeitern zur Kenntnis gebracht, dass ihre Firma im Auftrag des Propagandaministeriums den Film „Wille und Weg" als Sonderproduktion der UFA herstellen werde. Dieser Film erhielt die Arbeitsnummer 3001. Im August 1943 wurde der Titel in „Das Leben geht weiter" abgeändert. In der ORF-Nachlese ist dazu zu lesen: „Diese Sonderproduktion der ‚Wien-Film' steht im krassen Gegensatz zu all den Revuen: ‚Der Wille zum Leben' – so der endgültige Titel – ist ein Film für Kriegsversehrte. Eine Szene in einem Militärspital:

48  Anpassung oder Subversion – die Jahre 1938 bis 1945

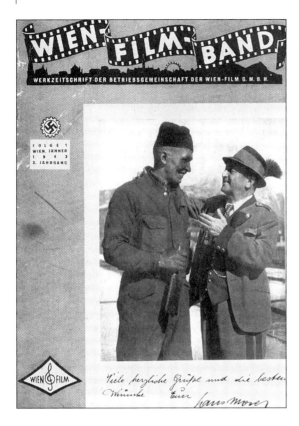

*Ein wichtiges Verlautbarungsorgan für die Wien-Film war eine interne Betriebszeitung. Neben dem allgemeinen Tratsch wurden die Mitarbeiter über Neuproduktionen informiert, wobei ihr Beitrag zu diesem kriegswichtigen Einsatz betont wurde.*

Ein Beinamputierter kommt als Zivilist auf Besuch zu den Kameraden. Dieser Film soll nur Schwerkriegsversehrten in geschlossenen Vorstellungen gezeigt werden; das breite Publikum könnte sonst den ganzen Wahnsinn dieses Krieges begreifen. Gezeigt werden Arm- und Beinamputierte beim Hoch- und Weitspringen, beim Fußballspiel, beim Turmspringen und Schwimmen. Dann zieht der Film die Konsequenz aus dem Gezeigten: ‚Das Leben geht weiter', wenn möglich in der Rüstungsindustrie."

Neben diesem reinen Propagandafilm wurden im Produktionsjahr 1943/44 von der Wien-Film eine ganze Reihe nach wie vor beliebter Spielfilme produziert. So zum Beispiel „Schwarz auf Weiß" von E.W. Emo, „Der gebieterische Ruf" von Gustav Ucicky, „Die goldene Fessel" nach Nestroys „Der Zerrissene" von Hans Thimig und „Schrammeln" von Geza von Bolvary. Im Wien der zweiten Hälfte des 19. Jahrhunderts spielend, befasste sich „Schrammeln" ganz unschuldig mit dem Schrammel-Quartett bzw. dessen Gründung. Hans Schrammel, der Komponist und Mitbegründer eines Quartetts, dem sein Bruder Josef, Anton Strohmeier und Georg Dänzer angehören, zweifelt an seiner Begabung. Seine Freunde denken jedoch anders und sind vom musikalischen Wert der Kompositionen überzeugt. Aus dieser falsch verstandenen Selbsteinschätzung eskaliert die filmische Story zu einem handfesten Disput, in dem persönliche Liebesaffären als handlungstreibendes Element dienen. Die populäre Volkssängerin Milli Strubel, genannt „Fiaker-Milli", wurde von Marte Harell dargestellt. Weiters sind als Darsteller der Musiker des legendären Schrammel-Quartetts, das zur Wiener Institution wurde, Paul Hörbiger, Hans Holt, Fritz Imhoff und Hans Moser zu nennen.

Da das Wort „Österreich" in der braunen Ära verboten war, musste auf Anordnung der Berliner Reichsfilmkammer die Textzeile des Altwiener Heurigenliedes im Film „Schrammeln" von „Hat kan Begriff davon, was Öst'reich is" in „Hat kan Begriff davon, wie schön's da is", abgeändert werden. Doch als „Schrammeln" nach 1945 rücksynchronisiert wurde, kam auch das Wort „Österreich" wieder zu Ehren.

Noch lange bevor ein Kriegsende in Sicht war, reagierte man in den obersten Chefetagen der Wien-Film in Anbetracht der fortschreitenden Kriegseinwirkungen entsprechend panisch-vorsichtig. Es kam zu einer Flut von Rundschreiben. Eines davon, datiert mit 23. September 1943, gab bekannt, was im Falle eines Fliegerangriffs zu tun sei: "Sonderrundschreiben Luftschutz-Nr. 5 bzw. Nr. 6 an alle Abteilungsleiter! Mit Rundschreiben Nr. 1 wurde angeordnet, dass die Abteilungsleiter von ihren Gefolgschaftsmitgliedern Adressenlisten ständig bei sich zu tragen haben. Eine Aufstellung über die gesamte Gefolgschaft sollte an die Vorstandsmitglieder ausgehändigt werden. Um bei etwa eingetretenem Fliegerschaden in den Betriebsstellen der Firma die Gefolgschaftsmitglieder zu sammeln, ist folgendes bekannt zu geben: 1.) Im Falle eines Totalschadens von Schönbrunn meldet sich die Gefolgschaft von Schönbrunn im Atelier Rosenhügel; 2.) im Falle eines Totalschadens von Sievering meldet sich die Gefolgschaft von Sievering im Atelier Rosenhügel [...] 9.) Im Falle eines Totalschadens der Zentrale ist als Ausweichstelle vorbereitet das Restaurant ‚Waldschnepfe', Wien XVII, Dornbacher Straße 88."

Gegen Ende des Krieges wurden die Rohstoffe knapp und jeder wehrfähige Mann wurde an die Front verlegt. Es galt, das Reich zu verteidigen – da wurde auch für die Filmbranche keine Ausnahme gemacht. Im „Protokoll Nr. 2" über die Vorstandssitzung vom 19. Juni 1944 wurde festgehalten: „Anlässlich der drehmäßigen Festlegung der Produktion 1944/45 wird festgestellt, dass der Mangel an Arbeitskräften, insbesondere der Baubelegschaft, die Produktion in viele Schwierigkeiten bringt. Es stehen derzeit für die Gruppe Rosenhügel und Schönbrunn insg. 50 Bühnenarbeiter u. f. d. Gruppe Sievering insges. 18 Bühnenarbeiter zur Verfügung, gegenüber einem Bedarf von 120 Mann allein für die Gruppe Rosenhügel und Schönbrunn. Dies bedeutet, dass die Ateliers nur mit 50% ihres Bedarfs versorgt werden können und die wenigen vorhandenen Arbeitskräfte auf die laufenden Produktionen aufgeteilt werden müssen [...] Während der Drehzeit des Films ‚Wiener Mädeln' bei den Außenaufnahmen im Monat Juli muss das Atelier Sievering infolge Abziehung der Arbeitskräfte für diese Freilichtaufnahme ca. 2-3 Wochen leer stehen. [...] Hierzu gibt Herr Direktor Hirt bekannt, dass trotz seiner Bemühungen, die schon Monate laufen, weder vom Arbeitsamt noch über andere Stellen, Ersatz für die abgegangenen Arbeitskräfte zu erreichen ist. So erhielt die ‚Wien-Film' heute über das Arbeitsamt als Mitteilung, dass seitens der Verteilungsstelle in Paris keine Aussicht auf Erfolg unserer Bemühungen besteht, da von Paris keine weiteren Arbeitskräfte abgezogen werden können. Der Vorstand weist auf die hierdurch entstehenden Schwierigkeiten für die Produktion besonders hin. Entsprechende Ansuchen und Berichte sind an die Einsatzstelle nach Berlin ergangen."

Und während die Städte eines sterbenden „Reiches", das so viel Tod und Elend brachte, im alliierten Bombenhagel in Schutt und Asche versanken, fanden in den Wien-Film-Studios ab Ende 1943 die Vorarbeiten zu Willi Forsts erstem Farbfilm „Wiener Mädeln" statt. Ein Komponist, an dem der „ostmärkische Film" auf der Suche nach geeigneten nostalgischen Stoffen nicht vorübergehen konnte, war Carl Michael Ziehrer. Hans Moser spielte das Faktotum des Komponisten, den Regisseur Willi Forst selbst verkörperte. Gedreht wurde zwar auch in Sievering, in erster Linie wurde jedoch im Rosenhügel-Atelier bzw. in Schönbrunn produziert. Die Dreharbeiten gestalteten sich schwierig. Immer wieder musste wegen Fliegeralarms unterbrochen werden, bis man sich aufgrund der sich zuspitzenden Kriegslage entschloss, zeitweilig im fast bombensicheren Prag, in den Barandow-Ateliers, an diesem Film weiterzuarbeiten.

*Willi Forst bei den Dreharbeiten zu „Wiener Mädeln"..*

„... Film 150 ‚Wiener Mädeln'. Dieser erste Film der Produktion 1944/45 dreht derzeit Freilichtaufnahmen in Wien, geht anschließend für kurze Zeit wieder nach Prag, um dann endgültig in Wien weiter zu drehen." So lautete das „Protokoll Nr. 2" vom 19. Juni 1944.

*Dieser erste Forst-Film auf Agfacolor-Farbsystem mit Fred Liewehr, Judith Holzmeister und ihrem späteren Gatten Curd Jürgens erlebte seine Premiere nach vielen Schwierigkeiten erst am 23. September 1949.*

1944 war das Jahr, in dem der Besuch des Kinos nahezu zum einzigen Mittel der geistigen Flucht vor der Realität wurde. Die Verkaufsziffern der Kinokarten erreichen astronomische Werte. Im Jahr 1944 wurden allein in Wien 60 Millionen Kinokarten verkauft und es gab zu diesem Zeitpunkt in Wien 222 Kinos. Diese blieben auch geöffnet, als Goebbels am 1. September 1944 die Schließung aller Theater, Varietés, Kabaretts und Schauspielschulen anordnete.

Das Jahr 1944 brachte aber auf dem filmischen Produktionssektor auch etwas hervor, das man heute in der Sprache der Cineasten als „Überläufer" bezeichnet. Gemeint sind damit Filmproduktionen, die noch während des endenden Krieges begonnen wurden, aber erst nach 1945 von einem österreichischen Hersteller fertiggestellt bzw. uraufgeführt wurden. Ein solcher Überläufer war „Wiener Mädeln", dessen Premiere 1947 stattfand. „Weitere, durchaus noch bekannte und beliebte Filme, die im Sieveringer Atelier knapp vor Kriegsende begonnen werden, seien hier genannt: Das Drama ‚Freunde', gedreht unter der Regie von E.W. Emo ab Dezember 1943, erfährt seine Uraufführung bereits am 3. August 1945. Ein weiterer ‚Überläufer' ist der Ucicky-Film ‚Am Ende der Welt', dessen Aufführung von der NS-Zensur verhindert wird. Er ist bereits im Dezember 1943 fertiggestellt, doch erst 1947 findet dieser Film mit Attila Hörbiger und Brigitte Horney in den Hauptrollen seinen Weg in die österreichischen Kinos."

Die Dreharbeiten zur musikalischen Komödie „Liebe nach Noten" wurden im Jänner 1944 begonnen. Die Uraufführung dieses Cziffra-Films folgte jedoch erst dreieinhalb Jahre später, am 17. November 1947. Ähnlich erging es dem Bauerndrama „Ulli und Marei". Dieser Film entstand als „Film 140" unter der Regie von Leopold Hainisch. Die Dreharbeiten in Wien begannen am 12. Juni 1944 und wurden im tirolerischen Sölden weitergeführt. Bei Kriegsende war der Film gerade in der Musik-Synchronisation. Die Fertigstellung erfolgte erst nach Kriegsende, die Premiere fand am 23. April 1948 in Wien statt.

Auch der Film „Wie ein Dieb in der Nacht" benötigte seine Zeit, um seinen Weg in die Kinos zu finden. Der ursprüngliche Titel hätte „Herzensdieb" lauten sollen, Regie führte Hans Thimig. Die Filmarbeiten fanden in Schönbrunn und Sievering zwischen Oktober und Dezember 1944 statt. Im Protokoll vom 19. Juni 1944 hieß es, dass die Außenaufnahmen dieses Filmes noch nicht festgelegt werden konnten. Auch dieser Film befand sich 1945 noch in der Synchronisation.

Das öffentliche Leben im April 1945 war von Durchhalteparolen, Zerstörung und Not geprägt. Noch zwei Monate, bevor das Ende des Reiches über Wien hereinbrach, gab es solche Durchhalteparolen auch innerhalb der Wien-Film. In einem allgemeinen Rundschreiben vom 16. Februar 1945 hieß es: „Bezugnehmend auf unser seinerzeitiges Rundschreiben, in welchem wir alle unsere Mitarbeiter und Mitarbeiterinnen im Auftrag des Herrn Reichsfilmintendanten verpflichteten, an dreh- bzw. arbeitsfreien Tagen in unserer Rüstungsheimwerkstätte, Wien I, Bauernmarkt 24, ihren Arbeitseinsatz zu leisten, bringen wir unseren Erlass nochmals nachdrücklichst in Erinnerung. Wie Sie ja selbst wissen, ist unsere dermalige Produktion sehr gekürzt und unsere Mitarbeiter haben vielfach Leerlauf oder sind keineswegs voll beschäftigt. Da wir jedoch dem Arbeitsamt gegenüber nur dann in der Lage sind, Sie auch weiterhin für die ‚Wien-Film' zu erhalten, [...] ersuchen wir Sie in Ihrem eigenen Interesse, die Verpflichtung zum Arbeitseinsatz in unserer Heimwerkstätte nicht zu umgehen ..."

*Und der Rest ist Schweigen: das zerstörte Wien 1945.*

54    *Anpassung oder Subversion – die Jahre 1938 bis 1945*

*Das „Tausendjährige Reich" lag alsbald in Trümmern. Doch was in dieser Zeit an Filmen entstanden war, beeinflusste noch Jahre später nachhaltig das Filmschaffen in Österreich.*

# 5. Die Zeit nach 1945

Mit der Endschlacht um Wien zeichnete sich das Ende der braunen Vergangenheit ab. „Diese Stadt ist in meinen Augen eine Perle! Ich werde sie in jene Fassung bringen, die dieser Perle würdig ist!" So tat es im April 1938 Adolf Hitler den Wienern kund. Sieben Jahre später lag Wien im April 1945 in Schutt und Asche – abziehende SS-Verbände hatten tatkräftigst dazu beigetragen. Doch schon am 24. April 1945, knapp nach dem Einrücken der Sowjetarmee, öffnete als erstes Wiener Kino das traditionelle Premierenkino „Apollo" wieder seine Pforten. Gezeigt wurde der neueste russische Film des Meisters der Massenszene, Sergej Eisenstein: „Iwan der Schreckliche". Ende Juni 1945 hatten schließlich rund hundert von einst 222 Lichtfilmtheatern wieder geöffnet.

Der Wiederaufbau einer heimischen Filmindustrie gestaltete sich anfänglich äußerst schwierig. Es mussten sowohl politische als auch rein ökonomische Hürden überwunden werden. Unzureichende und teilweise zerstörte Produktionsstätten waren ein Teil der Schwierigkeiten. Weiters machten sich der eklatante Rohfilm- und Apparatemangel, ausgelöst durch die alliierte Beschlagnahmung „Deutschen Eigentums", ebenso bemerkbar wie zeitweilige politische Abhängigkeit der Filmhersteller von den Intentionen der Besatzungsmächte.

Die drei Ateliers der Wien-Film wurden durch die Alliierten verwaltet. Am Rosenhügel hatten die Sowjets das Sagen und gliederten diese Anlage bis 1955 den USIA-Betrie-

*Wie es mit der österreichischen Filmproduktion aussah, gibt ein Artikel des von Willi Forst mitgestalteten Magazins „Film" im Dezember 1946 wieder.*

56    Die Zeit nach 1945

*Filmwerbung aus dem Jahre 1946 für den Film „Fregola". Diese Werbung stammt aus der „Arbeiter Zeitung" vom 25. Dezember 1946.*

ben ein. Besser erging es den Ateliers Schönbrunn und Sievering – diese unterstanden lediglich bis 1946 der britischen respektive der amerikanischen Besatzungsmacht. Am 17. Juni 1946 erfolgte die Übergabe dieser Atelieranlagen an die österreichische Bundesregierung und im Herbst wurde auch die Nachkriegsordnung für das einst von Graf Kolowrat gegründete Filmimperium neu festgelegt. An der ehemaligen Firmenteilung aus den Dreißigerjahren – in die Sparte Produktion einerseits und Verleih und Vertrieb andererseits – wurde weiterhin festgehalten. Die Wien-Film existierte nach 1945 als Produktionsfirma weiter und um das Verleih- und Vertriebswesen in österreichische Hand zu bekommen, wurde am 13. September 1946 die Sascha-Film Verleih- und Vertriebs GesmbH gegründet. An der Spitze stand als alleiniger Geschäftsführer Dr. Schwenk, ehemaliger Prokurist der Tobis-Sascha AG.

Hatte bereits vor dem Zweiten Weltkrieg die Creditanstalt-Bankverein stark an den geschäftlichen Erfolgen beider Firmenzweige als Aktieninhaber und Gesellschafter partizipiert, so tat sie dies auch nach 1945 wieder in beiden voneinander unabhängigen Firmen. Auf der Produktionsseite war sie als Finanzier tätig und an Filmrechten beteiligt, im Verleih- und Vertriebswesen hatte sie Anteil an den Einspiel- und Verleiherlösen. Das starke Engagement dieser österreichischen Großbank bei Sascha-Film ist verständlich, wenn man bedenkt, dass die Wien-Film als „vorbelastet" galt. Die Wien-Film hätte mit ihrer Erfahrung durchaus auch das Verleih- und Vertriebswesen abwickeln können, doch der Firma haftete ihre unmittelbare Vergangenheit an, wodurch zu verleihende Eigen- oder Fremdfilmproduktionen nur in beschränktem Maße exportierbar gewesen wären.

*Den Filmschaffenden von damals fehlte es an allem, in erster Linie jedoch an Rohfilmmaterial, Strom und Filmkameras. Und doch hatte der erste österreichische Nachkriegsfilm „Der weite Weg", auch „Schicksal in Ketten" betitelt, bereits am 23. August 1945 in der „Scala" Premiere. Unter der Regie von Eduard Hoesch wurde dieser Heimkehrerfilm mit Hans Holt, Rudolf Prack und Maria Andergast im zerstörten Wien und in den Ateliers der Wien-Film am Rosenhügel produziert.*

Das Programmheft nennt den „Weiten Weg" einen „verheißungsvollen Anfang, da er wirklichkeitsnah und realistisch ist. Er geht den Sorgen des Tages nicht aus dem Wege, sondern packt sie mit einer Beherztheit an, die volles Lob verdient. Den Inhalt des Films bilden die Probleme und Nöte unserer Tage: Das Schicksal der Kriegsgefangenen, der Heimkehrer und ihrer Frauen, die den Krieg nicht weniger erlebten als die Soldaten. In diesem Film wird auch hinter die Kulissen der unmittelbaren Gegenwart geleuchtet: Der Schleichhandel inmitten von Ruinen, das Leben und Treiben in den Nachtlokalen, der Hunger und tapfere, mutige Frauen werden in ihm gezeigt, die mit verbissener Energie um das Leben und ihr Glück kämpfen."

Im Jänner 1947 erforderten die herrschende extreme Kälte sowie der Kohlen- und Strommangel die kurzfristige Schließung aller Wiener Theater, Schulen und Kinos. Trotzdem wurden unter schwierigsten Verhältnissen weiter Filme produziert. Aufgrund des eklatanten Energiemangels konnte nur in der Nacht gefilmt werden, da die für die Scheinwerfer benötigte Elektrizität tagsüber für die Industrie benötigt wurde. Zwei Filme, die dennoch in dieser Zeit gedreht wurden, waren Georg Wilhelm Pabsts „Der Prozess" und Karl Hartls „Der Engel mit der Posaune", die auch beide im August 1948 bei der Filmbiennale in Venedig ausgezeichnet wurden. „Der Engel mit der Posaune", die Geschichte der Klavierbauerfamilie Alt von 1888 bis zum Ende des Zweiten Weltkrieges, dauerte mehr als zwei Stunden und basierte auf der Romanvorlage von Ernst Lothar. Die Besetzungsliste weist die Crème de la crème der österreichischen Schauspieler auf: Paula Wessely, Attila und Paul Hörbiger, Helene Thimig, Hedwig Bleibtreu, Alma Seidler, Hans Holt, Oskar Werner, Fred Liewehr und Curd Jürgens.

58  Die Zeit nach 1945

Die Aufnahme zeigt Regisseur Karl Hartl
(sitzend) während der Dreharbeiten zu
dem im Jahre 1948 herausgebrachten Film
„Der Engel mit der Posaune".
Das Szenenfoto unten zeigt Paula Wessely und
Curd Jürgens in diesem Film.

Der Regisseur des Filmes „Der Prozess", G.W. Pabst, hatte schon 1921 eigene Filme in Wien gedreht, bis er 1932 nach Paris, und später, von 1934 bis 1936, nach Hollywood gegangen war. Er war ein Vertreter des frühen expressionistisch-realistischen Films in Österreich und gründete nach dem Weltkrieg im wieder freien Österreich abermals eine eigene Produktionsfirma. Anders verhielt es sich mit Karl Hartl, der während des „Dritten Reiches" Produktionsleiter der Wien-Film gewesen war. Er hatte diesen Posten 1939 nach anfänglichem Sträuben und trotz vieler Zweifel übernommen, da er darin eine Möglichkeit gesehen hatte, Leuten, die dem Berliner Diktat gehorchten, den Weg in die Chefetage der neuen Wien-Film zu blockieren. Hans Thimig bemerkte rückblickend, in einer Fernsehdiskussion auf das Thema „Film während der Kriegszeit" und auf Karl Hartl angesprochen: „Ich habe immer Filme gemacht ohne besonderen politischen Hintergrund. Meine Schauspieler, mit denen ich besetzt habe, waren alles keine Nazis. Mein Stab waren alles keine Nazis. Es hat sich ergeben. Und siehe da, das hat eben das Propagandaministerium eines Tages gerochen. Und um mich zu zwingen, Farbe zu bekennen, haben sie dem Hartl, der damals mein Vorgesetzter bei der Wien-Film war, geschrieben, ich müsse in Berlin einen Propagandafilm inszenieren. Und da hat Hartl mich rettend angefleht, ich soll verschwinden. Und da bin ich auf und davon; ich bin untergetaucht im steirischen Wildalpen, meiner zweiten Heimat."

Im Jahre 1948 wurde in Sievering erneut internationale Filmgeschichte geschrieben, als der gesamte Produktionsstab der London-Film-Production für den Film „Der dritte Mann" nach Wien verlegt wurde. Eines Abends gingen sie zum Heurigen „Martinkovits" in Sievering, wo für diesen Abend ein Zitherspieler namens Anton Karas engagiert worden war. An diesem Abend wurde der unbekannte Heurigenmusiker, der überall da spielte, wo immer weinselige Wiener Musik als Heurigenuntermalung gerne gehört wurde, vom Filmproduzenten Carol Reed, der eine eigentümliche Filmmusik suchte, entdeckt. Die Romanvorlage zu dem Film, zu dem Karas die Musik beisteuern sollte, stammte von Graham Greene und behandelte die Lage auf dem Schwarzmarkt des Nachkriegs-Wien. Wie aktuell dieser Film mit seinem charismatischen Hauptdarsteller Orson Welles war, zeigt die Tatsache, dass es zu dieser Zeit tatsächlich eine Schieberaffäre um gestrecktes Penicillin gab. Im Film spielten auch eine Reihe österreichischer Schauspieler wie Paul Hörbiger, Annie Rosar und Hedwig Bleibtreu mit. Zum Abschluss der Dreharbeiten am 11. Dezember 1948 wurde für alle Beteiligten, vom kleinsten Angestellten bis zum Hauptdarsteller und Produzenten, im Hofburg-Restaurant „Alter Hofkeller" ein festliches Abendessen gegeben. Dieses Abschlussessen war für die ausgehungerten Österreicher fast wie ein Blick ins Paradies, ein Blick über die zerbombten Mauern Wiens hinweg in eine heile Welt. Die Premiere des Filmes fand im Jahre 1949 in London statt, das Wiener Debüt folgte erst am 10. März 1950 im „Apollo-Kino". Der Film, der in Cannes preisgekrönt wurde, war in Wien auf Grund seiner Aktualität im Hinblick auf das blühende Schwarzmarkt- und Schieberwesen zunächst nicht sehr geschätzt und lief hier nur wenige Wochen. Als Beispiel des gekränkten Wienertums sei folgende Filmrezension aus der „Wiener Film Revue" des Jahres 1950 wiedergegeben: „Trotz der marktschreierischen Reklame, oder vielleicht gerade deswegen, enttäuschte dieser Film. Er ist nichts anderes als ein glänzend gemachter, blendend fotografierter und gut gespielter Kriminalreißer, wie sie aus Amerika zu Dutzenden kommen. Graham Greene schrieb das Drehbuch nach seinem Aufenthalt in Wien. Er dürfte sich Wien nicht allzu genau angeschaut haben, denn dieser Trümmerhaufen, in dem nur Verbrecher hausen, könnte ebenso gut Berlin,

Weitere Filme, die 1947 in Sievering produziert wurden, waren „Die Glücksmühle" unter der Regie von Emmerich Hanus und „Liebe nach Noten" von Geza von Cziffra.

*Judith Holzmeister und O. W. Fischer brillierten in der Verfilmung der altgriechischen Komödie „Lysistrata", die unter dem Titel „Triumph der Liebe" 1947 in die Kinos kam.*

*Das Filmplakat zu einer der interessantesten ausländischen Filmproduktionen, die im Wien der Nachkriegszeit entstanden – „Der dritte Mann".*

*International hoch angesehen, missfiel dieser Film dem österreichischen Publikum – vielleicht weil zu viel Wahrheit in dem Drehbuch steckte.*

Die Zeit nach 1945   63

Stuttgart oder Köln sein. Die Atmosphäre unserer Stadt ging verloren." International wurde dieser Film jedoch hoch geachtet und gilt heute noch als „der" Nachkriegsfilm schlechthin. Mit dem Film, quasi über Nacht, wurde auch Anton Karas mit seiner Melodie, dem „Harry-Lime-Thema", weltberühmt, ging sogar auf Welttournee und eröffnete 1953 das Heurigenlokal „Zum Dritten Mann".

Unter der Regie von Emile Edwin Reinert entstand 1951 in Sievering und im Atelier Schönbrunn der Film „Wiener Walzer", auch „Wien tanzt" tituliert. In diesem den Zwist zwischen Vater und Sohn Johann Strauß behandelnden Film spielten Marte Harell und Adolf Wohlbrück die Hauptrollen. Weitere Mitwirkende in diesem einerseits konfliktgeladenen und andererseits bonbon-rosa gefärbten Film waren Lotte Lang, Fritz Imhoff und Lilly Stepanek sowie der unvergessliche Richard Eybner.

Der 1951 von der Paula-Wessely-Filmproduktion und in den Studios von Schönbrunn und Sievering hergestellte Film „Maria Theresia – Eine Frau trägt die Krone" befasste sich weniger mit der historischen Bedeutung dieser Herrscherin als vielmehr mit ihren Eheproblemen. Fred Liewehr als ehemüder Gatte Franz von Lothringen war ihr Partner, Regie führte abermals Emile Edwin Reinert. Weiter Darsteller in von Gerdago entworfenen Kostümen waren Marianne Schönauer, Rosa Albach-Retty, Maria Eis, Erik Frey, Adrian Hoven, Hannerl Matz und Attila Hörbiger. Einige Dreharbeiten fanden auch in der Modeschule in Schloss Hetzendorf statt.

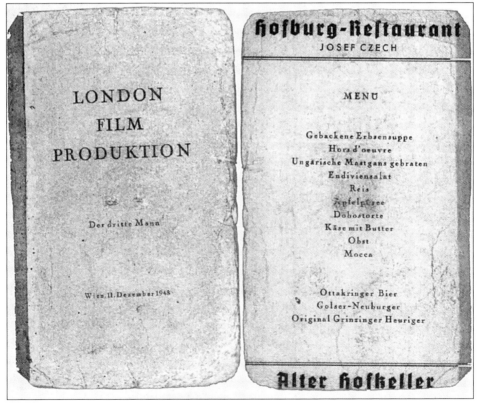

*Einladungskarte zu einer Feier, die anlässlich des Drehendes von „Der dritte Mann" veranstaltet wurde.*

Die Zeit nach 1945   65

„Verfluchte Krone! Ich hab' sie nicht gewollt. Warum wird man geboren? Nur um Verzicht zu leisten, nur um der Bürden willen, der Opfer, der Entsagungen? Wie lange, wie lange muss der Mensch noch büßen auf dieser Welt für Sünden, die er nicht begangen hat, die er schuldlos mit sich trägt in seinem Blut? Warum der Hochmut statt der Demut, das Herrschen-Wollen statt dem Entsagen, der Streit statt dem Verstehen?" Paula Wesselys programmatischer Ausruf als Landesmutter von Österreich im Film „Maria Theresia – Eine Frau trägt die Krone".

Der erste Film, den Paula Wesselys Produktionsfirma im Jahre 1950 herstellte, hieß „Cordula" nach Anton Wildgans' Epos „Kirbisch". Sicherlich stellte sich der eine oder andere die Frage, warum eine so renommierte Schauspielerin eine eigene Filmproduktionsfirma gründete. In der einschlägigen Presse, der „Wiener Film Revue, Nr. 4" konnte man 1950 die durchaus plausible Antwort lesen: „Anlässlich eines Presseempfanges hörte man, dass sie dies nicht nur getan hat, um Geld zu verdienen, sondern um endlich einmal einen Film von Anfang bis zum Ende mitzumachen."

66  *Die Zeit nach 1945*

*Diese zwei Fotos zeigen Regisseur Franz Antel bei den Dreharbeiten zu „Der alte Sünder" mit Susi Nicoletti, Paul Hörbiger und Inge Konradi.*

*1952 führte Franz Antel in der Neuverfilmung von „Hallo Dienstmann" Regie. Dieses Gruppenfoto entstand anlässlich der 500. Einstellung zu diesem Film.*

Nach fünf Jahren Unterbrechung spielten Paul Hörbiger und Hans Moser 1951 wieder gemeinsam in einem Film: „Hallo Dienstmann". Ein Beschluss der Reichsfilmkammer hatte einst verhindert, dass dieser heitere Film, der übrigens auf einer Idee von Paul Hörbiger basiert, bereits 1944 gedreht wurde. Jahre später verfilmte Franz Antel teils im Atelier Schönbrunn, teils in Sievering diesen Filmstoff. Hatte Paul Hörbiger die Idee dazu geliefert, so war auch Hans Moser nicht untätig. Er änderte die Dialoge ab, fügte seiner Rolle neue Partien hinzu und kürzte dafür die seiner Partner. Die weiblichen Partner von Paul Hörbiger und Hans Moser waren Maria Andergast und Susi Nicoletti. In der „Arbeiterzeitung" vom 10. Februar 1952 war dazu zu lesen: „‚Hallo Dienstmann', ein österreichisches Lustspiel, will nichts als zwei Stunden lang anspruchslos unterhalten, und dieser Zweck wird vollkommen erreicht, ohne dass sich selbst der künstlerisch anspruchsvollere Kinobesucher ärgern muss. Vor allem lachen wir über Hans Moser, der im Schmuck des Dienstmannkäppchens wirklich hinreißend komisch ist. Paul Hörbiger überzeugt uns als alkoholisierter Kollege Mosers mehr denn als Professor der Akademie. Maria Andergast, hübsch und schick, Waltraut Haas, jung und frisch, Harry Fuß, eine Idee zu schmalzig, Annie Rosar, bewährt als Hausbesorgerin, Rudolf Carl, Richard Eybner und die äußerlich und im Spiel bezaubernde Susi Nicoletti sind in den weiteren Rollen zu sehen. Hans Lang schrieb wieder zwei gängige Schlager, deren Popularität durch ihre Interpreten Moser, Hörbiger und Andergast von vornherein gesichert ist."

*Hans Lang, der Komponist des berühmten „Mariandl"-Liedes, steuerte auch zu „Hallo Dienstmann" unvergessliche Melodien bei, so zum Beispiel die Musik zu den Liedern „Stell dir vor, es geht das Licht aus" und „Hallo Dienstmann".*

Anfang der Fünfzigerjahre war in erster Linie die Zeit des Wiederaufbaus und des Glaubens an Österreichs Morgen. Diese Aufbruchstimmung fand auch im Filmsektor ihren Niederschlag. In den Jahren von 1950 bis 1952 wurden viele Bauprojekte ausgearbeitet, die eine Vergrößerung der Ateliers zu Sievering zum Ziel hatten. So sollte eine eigene großzügige Komparsengarderobe im Zwischenstockwerk des Verwaltungsgebäudes eingebaut werden. Ein anderer Plan sah die Errichtung eines neuen, mehrgeschossigen Garderobengebäudes vor. Doch all diese Pläne blieben nur papierene Expansionsträume. Lediglich ein neuer großer Fundus, das Kulissendepot, wurde am südlichen Abhang gegen die Hackenberggasse hin errichtet.

Am 19. November 1952 fand im Premierenkino „Apollo" die Welturaufführung eines einzigartigen Filmes statt. Den ersten und auch leider letzten utopischen Blick in Österreichs Zukunft wagte man trotz oder gerade wegen der damaligen Besatzungstruppen im Lande im ironisch-utopischen Streifen „1. April 2000". Im Mittelpunkt des Films steht Österreich, das nach unzähligen ergebnislosen Verhandlungen mit den alliierten Siegermächten über die Unabhängigkeit Österreichs seine Landsleute auffordert, ihre viersprachigen, von den Alliierten ausgegebenen Personalausweise zu zerreißen, um ein Signal zu setzen. Österreich wird daraufhin vor der Weltschutzkommission (WESCHUKO) des Bruchs des Weltfriedens angeklagt. Die Präsidentin des Weltgerichts landet mit einer Rakete in Wien – die Österreicher müssen nun beweisen, dass sie niemals den Weltfrieden brechen wollten und bringen alles vor, was Österreich liebenswert macht. Von Mozart über den Wiener Walzer zum Heurigen – um für Österreichs Anliegen zu werben, wurden keine Mühen gescheut. Auch die Sängerknaben, Maria Theresia oder die Kapuzinergruft warben um Sympathie. Vor dem politisch realen Szenario der Besetzung Österreichs wurde alles als Zeichen Österreichs alter, traditionsreicher Vergangenheit und Selbstständigkeit in die filmische Schlacht geworfen. Der sich zuspitzende Konflikt zeigt sehr deutlich die Intentionen des Geldgebers dieses durchaus politischen Films, der Bundesregierung des neugeborenen Staates Österreich. Die Säulen dieser Produktion bildeten ohne Zweifel seine berühmten Darsteller Hilde Krahl, Josef Meinrad, Hans Moser, Paul Hörbiger, Curd Jürgens, Hans Holt als Sprecher und viele andere. Regie führte Wolfgang Liebeneiner, Produzent und Co-Autor war Ernst Marboe. Die Außenaufnahmen fanden beim Schloss Schönbrunn sowie an den Hängen des Nussberges statt, die Innenaufnahmen wurden im Atelier Sievering gedreht. Übrigens wurde auch der Sarkophag Maria Theresias in der Kapuzinergruft in den Film miteinbezogen. Hier gibt es eine sehr bezeichnende Dialogsequenz zwischen Hilde Krahl als Präsidentin der WESCHUKO und Josef Meinrad, der das österreichische Staatsoberhaupt darstellt:

*Krahl: Das ist ja ein Liebespaar!*
*Meinrad: Ja, am Tage der Auferstehung!*
*Krahl: Seltsam, immer flüchtet ihr ins Vergangene. Warum? Was ist mit der Gegenwart und mit der Zukunft?*
*Meinrad: Die Auferstehung ist für uns die Zukunft. Und in der Gegenwart fließen Tod und Leben und Liebe zusammen. Das war in der Barockzeit so und das ist heute noch immer dasselbe.*

Hilde Krahl besticht in diesem frommen, utopischen Film in ihrer Rolle als Präsidentin der WESCHUKO durch ihr persönliches, internationales Österreichertum, das damals, 1952, viele erst wieder lernen mussten.

*Die Premiere des Science-Fiction-Films „1. April 2000" fand am 19. November 1952 im „Apollo-Kino" statt.*

*Krahl: „Dann darf die Globalunion keinen Augenblick zögern, dieses heilige Vermächtnis zu erfüllen. Ich erkläre Österreich für unabhängig und frei. Der Abtransport der Truppen erfolgt mit Raketen, auf unsere Kosten, und noch heute Nacht!"*

Im für Österreich so bedeutsamen Jahr 1955 entstanden in Sievering Unterhaltungsfilme wie „Die Deutschmeister", unter der Regie von Ernst Marischka, oder das melodramatische Remake „Dunja". Als Vorlage dazu diente Puschkins Novelle „Der Postmeister", dies war auch der Titel der 1939 in Sievering produzierten Erstverfilmung. Neben Eva Bartok und Ivan Desny standen 1955 Karlheinz Böhm, Bruno Dallansky und der leider viel zu früh verstorbene Ernst Meister, ein Meister der Stimme, vor der Kamera.

Mit einem unliebsamen Stück österreichischer k.u.k. Vergangenheit, dem Fall des Oberst Redl, setzte sich Franz Antel im Film „Spionage" auseinander. Oberst Redl wurde darin offen als Verräter und homosexuell tituliert, was den Geldgebern im Ministerium missfiel. Die öffentliche Finanzierung für den Film geriet in größte Gefahr. Dennoch dürfte in einem Ministerium eine einsichtige Seele gesessen haben, denn andernfalls hätten die von Ewald Balser und Oskar Werner glänzend gespielten Szenen nicht filmkulturelles Allgemeingut werden können. Weitere Darsteller in diesem Film waren Gerhard Riedmann, Marte Harell, Attila Hörbiger, Hannelore Bollmann, Erik Frey und Ernst Waldbrunn. Dass die Premiere des Films, der ausschließlich im Sieveringer Atelier entstanden war, am 19. April 1955 in Düsseldorf stattfand, beweist einmal mehr, dass der Prophet im eigenen Land nichts gilt.

*Filmplakat zu „1. April 2000", einem Film, der durch seine österreichischen Besetzung das politische Anliegen Internationalität verlieh.*

*Die Drehbuchvorlage wurde 1939 erstmals unter dem Titel „Der Postmeister" verfilmt. Nach dem Krieg entstand das Remake „Dunja".*

Die Zeit nach 1945 71

*Der historische Fall des Oberst Redl wurde unter dem Titel „Spionage" verfilmt, Außenaufnahmen fanden unter anderem auch am Heiligenstädter Pfarrplatz statt.*

*Die Innenaufnahmen zu „Spionage" fanden im Atelier Sievering statt.*

Auf der Produktionsseite brachte das Jahr 1955 die Loslösung des Ateliers Schönbrunn vom Verwaltungskomplex der Wien-Film. Das Österreichische Fernsehen, ein neues, aufstrebendes Medium, das bis zum Staatsvertrag durch die Besatzungsmächte verboten war, übernahm das Atelier und rüstete es für seine Zwecke um.

Im Jahre 1954/55 wurde, wenn man von Hans Hass' Taucherfilmen absieht, ein weiterer Schritt in Richtung abendfüllender Dokumentarfilm getan. Neben reinen Unterhaltungsfilmen entstand „Omaru", ein afrikanischer Liebesfilm, zu dem Albert Quendler das Drehbuch schrieb und auch selbst Regie führte. Das Rohmaterial lieferte die Ernst-A.-Zwilling-Afrika-Expedition des Jahres 1954. In diesem Farbfilm, einer Auftragsarbeit der Wien-Film, spielten durchwegs Eingeborene Zentralafrikas. Es ist eine Liebesgeschichte vor dem Hintergrund zweier rivalisierender Kulturen. Diese Friedrich-Erban-Produktion, die bei ihrer Vorführung im „Cinema-Palast" am Lido durchaus begeistert aufgenommen und gelobt wurde, ist heute nahezu vergessen. Schließlich spielten auch keine österreichischen Volksschauspieler mit, sondern eben „nur Wilde".

Unter der Regie von Fritz Kortner entstand, ebenfalls 1955 und im Atelier zu Sievering, der Spielfilm „Sarajevo" mit Ewald Balser und Luise Ullrich als österreichischem Thronfolgerpaar, das am 28. Juni 1914 in der gleichnamigen bosnischen Stadt ermordet wurde. Der Attentäter, der die erste Bombe warf, wurde von niemand anderem als von Filmbösewicht Klaus Kinski verkörpert.

*Die Konkurrenz zu den Kinos begann sich langsam zu regen, doch der Preis eines Luxusartikels, wie eines eigenen Fernsehgeräts, überstieg 1956 zumeist die Kaufkraft eines durchschnittlichen Arbeitnehmers. Man ging lieber ins Kino, schaute sich die Wochenschau und einen ausgewählten Film an. Die Sportübertragungen konnte man am Radio verfolgen.*

*Die Titelseite der Presseaussendung zu „Omaru", einem österreichischen Film, der im Dschungel spielt und von afrikanischen Laiendarstellern getragen wird.*

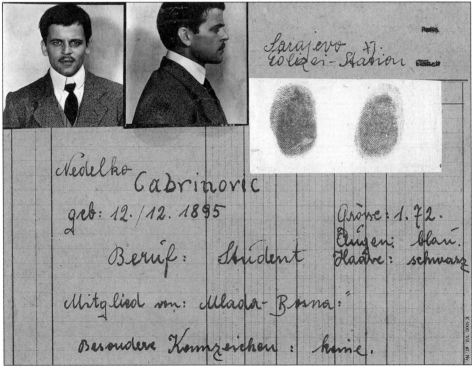

*Aus der Requisite stammt diese Polizeikarteikarte – im Film „Sarajevo" verkörperte Klaus Kinski den Attentäter Cabrinovic.*

*Ansicht des Kopierwerkes Grinzing, das 1953 seiner Bestimmung übergeben wurde.*

Zwei Jahre zuvor, im Jahr 1953, wurde noch fleißig in Grinzing gearbeitet. Es galt, das neue Kopierwerk fertigzustellen. Gleich hinter einem traditionsreichen Gebäude, dem Trummelhof, entstand eine weitere, neue Dependance der Wien-Film. Das kleine Kopierwerk in der Formanekgasse 23 im 19. Wiener Gemeindebezirk – das Gebäude existiert heute noch – war nur als Ausweichkopieranstalt während des Krieges gedacht. Nach der Beschlagnahmung der Rosenhügel-Anlagen durch die russische Besatzungsmacht stand der Wien-Film keine andere Kopieranstalt mehr zur Verfügung. So musste diese Ausweichstelle in der Formanekgasse für den restlichen Teil der Wien-Film, ja für die gesamte österreichische Produktion, als vorläufige Kopieranstalt adaptiert werden. Die Anstalt erwies sich jedoch sofort nach Aufnahme des Betriebes als zu klein und zu ineffizient. Aufgrund der verstärkten Filmproduktion nach den anfänglichen Nachkriegsschwierigkeiten konnte mit den vorhandenen Räumlichkeiten und Einrichtungen nur sehr schwer und unter großen betrieblichen Unkosten das Auslangen gefunden werden. Eine betriebliche Rentabilität war dabei nicht erzielbar, und die Behörden erhoben wiederholt Einspruch gegen die Lage der Baulichkeiten, deren Größe und Einrichtungen, weil sie in keiner Weise den hierfür notwendigen Vorschriften entsprachen. Eine Vergrößerung und Modifizierung dieser Betriebsanlagen war in jeder Hinsicht unmöglich, wäre jedoch unbedingt notwendig gewesen. Durch diese Umstände war die Erreichung einer konkurrenzfähigen Qualität der Filmbearbeitung für das In- und Ausland sehr erschwert. Inzwischen wurden auch die alten Einrichtungen des Kopierwerkes, welche noch teilweise aus der Vorkriegszeit stammten, immer unmoderner. Die Überwindung dieser Schwierigkeiten wurde Anfang der 1950er-Jahre zur Überlebensfrage für die Wien-Film. Der einzige Ausweg aus dem Dilemma schien die Errichtung eines neuen Kopierwerkes zu sein. Bei allen Verhandlungen wurde immer wieder darauf hingewiesen, dass es wünschenswert wäre, das sich im Besitz der Sascha-Film befindliche Grundstück in der Cobenzlgasse, das sogenannte Atelier Grinzing, umzubauen, und zwar so, dass das zu errichtende Kopierwerk sich dem Ortskern von Grinzing entsprechend anpasse. Im Atelier Grinzing wurde kurz nach dem Krieg eine moderne Synchronisationshalle geschaffen, der eine kleine, noch unbedeutende Kopieranstalt angeschlossen war.

Selbst in der Planungs- und Umbauphase wurde deutlich, wie stark die Verbindung zweier grundsätzlich unabhängiger Firmen wie der Wien-Film und der Sascha-Film sein konnte. Die Verhandlungen mit den Behörden dauerten mehrere Jahre. Um dem Ortsbild genüge zu tun, wurde die Fassade des Objektes in Grinzing später durch Scheinfenster stilvoll gegliedert. Die Bauarbeiten wurden der Döblinger Firma Wenzel Hartl übertragen. 1953 war es so weit: Am 12. Mai fand die Turmsteckungsfeier statt – das neue Kopierwerk Grinzing hatte seinen markanten zwiebelförmigen Turmhelm erhalten. Die vorläufigen Bau- und Einrichtungskosten für das neue Kopierwerk beliefen sich per 30. Juni 1953 auf rund 5,8 Millionen Schilling, eine stolze Summe für die Wiederaufbauzeit.

Ab 1954 begann sich in Österreich ein neuer Trend durchzusetzen – die Heimatfilm-Welle begann zu rollen. Die Vertreter dieses Film-Genres stellten den Österreicher samt seiner Natur- und Heimatliebe auf einfachste und trivialste Art und Weise dar. Es wurde eine abendfüllende Story gepaart mit Werbung für den Urlaub in Österreich geliefert, ohne eine gewisse Sentimentalität nicht missen zu wollen. Hauptsächlich wurde in den touristisch förderungsbedürftigen Bundesländern vor Ort gefilmt,

*1952 entstand in den Filmhallen in Sievering unter der Regie von Ernst Marischka ein Film mit dem neuen österreichischen Filmstar, der blutjungen Johanna – Hannerl – Matz.*

76    Die Zeit nach 1945

*Zwei Fotos von Probeszenen zu dem im Schauspieler- und Tänzermilieu angesiedelte Film „Hannerl". Neben dem Star des Wiener Staatsopernballettes Willy Dirtl finden sich neben Hannerl Matz auch die Namen von Adrian Hoven, Paul Hörbiger, Richard Romanowsky, Adrienne Gessner, Rudolf Platte, Kurt Heintel und Fritz Imhoff auf der Darstellerliste.*

Die Zeit nach 1945   77

Kurt Heintel bei der Probe hinter den Kulissen des Ateliers Sievering mit einem Bühnenarbeiter.

Ein Kino-Programm zu „Kaiserwalzer", den Franz Antel 1952 bis 1953 im Atelier der Wien-Film drehte. Maria Holst, Hans Holt, Winnie Markus, Erik Frey, Rudolf Prack und Oskar Sima garantierten Antel die Zustimmung des Publikums.

Einer der ersten Heimatfilme war der 1954 gedrehte Film „Der Förster vom Silberwald", der österreichische Verleihtitel lautet „Echo der Berge".

weitab der einstigen Filmmetropole Wien. In den seltensten Fällen wurden die Ateliers in Wien herangezogen.

Bei den typischen Vertretern dieser Gattung fehlte es leider meist an Witz und Einfall. Einfalt und ländlicher Stolz wurde mit einem Überschwang an Naturaufnahmen und Sturzbächen verwoben. Eine daraus resultierende Rechtslastigkeit ist oft nur unschwer zu verdecken. Die belasteten Begriffe „Blut und Boden" wurden so manches Mal spürbar. Ein spätes, schlimmes Beispiel dafür ist der Film „Hohe Tannen" aus dem Jahre 1960, in dem das Vertriebenenproblem angeschnitten wurde. Ursprünglich war der Heimatfilm als Werbeinstrument für den aufstrebenden heimischen Tourismus gedacht. Dass dabei latente alte politische Neigungen geweckt werden, lag oft am Drehbuch bzw. an den Beteiligten selbst.

Die späteren Vertreter des österreichischen Heimatfilmes, ab etwa 1959, wurden mit dem Witz einfachster Gattung selbst zum Gespött. Die Qualität so mancher Schunkel- und ergreifend komischer Bergdörflerfilme entsprach dabei der einer drittklassigen Provinzbühne. Über diese Art von Film kann heute selbst ein Kind kaum mehr lachen. Auch beliebte Namen wie Hans Moser, Susi Nicoletti oder Günther Philipp vermochten diese zumeist deutsch-österreichischen Co-Produktionen oft nicht mehr zu retten, wie zum Beispiel den Film „Ja, ja, die Liebe in Tirol" aus dem Jahre 1955. Selbst hochlöbliche Intentionen wie der Naturschutz retteten das eine oder andere Filmwerk nicht vor dem Eindruck einer besseren „Bambi-Schau", die von Dialogfetzen unterbrochen wird – das gilt u.a. auch für „Wer die Heimat liebt" aus dem Jahre 1957. Die oft diffizilen Gedankengänge der damaligen Drehbuchautoren der Heimatfilme, ihr Witz und Einfallsreichtum bleiben dem Betrachter von heute wohl für immer verborgen.

*Ein Schnappschuss von den Außenaufnahmen zu „Die Perle von Tokay".*

*Gunther Philipp bei Außenaufnahmen zu „Lügen haben hübsche Beine" unter der Regie von Erik Ode.*

*Erik Ode mit seinem Mitarbeiterstab bei den Dreharbeiten zu „Lügen haben hübsche Beine".*

Nach den wenigen realistischen Heimkehrer- oder Alltagsfilmen, wie etwa dem Wessely-Hörbiger-Film „Vagabunden" aus dem Jahre 1949 und den politischen Filmen knapp nach 1945, wandte sich das allgemeine Interesse der Film-Produzenten wiederum in Richtung des mit mehr oder weniger Tiefgang behafteten Unterhaltungsfilmes. Man überschlug sich geradezu in Remakes vorhandener Filmvorlagen aus früheren Jahren und in der Darstellung zeitloser Harmlosigkeit.

So entstand mitunter sogar gut gemachte, leichte Unterhaltungskost weitab des Heimatfilm-Pathos, ohne Anspruch auf Ernsthaftigkeit, die jedoch schon vom Drehbuch her gar nicht vorgesehen war. Wieder lautete das erste Postulat des Films „Unterhaltung". Und warum nicht? Gerade in der Zeit nach dem Krieg, als es den Menschen endlich wieder besser zu gehen begann, gehörten der Witz und der Lacher zum neu erwachten Glücksgefühl. Die Menschen, die während des Krieges viel gelitten hatten, wollten wieder leben und lachen und die Filme ließen sich bestens verkaufen. Auch das war ein Postulat einer Filmproduktion, wenn auch nicht das wichtigste.

Carl Szokoll erinnerte sich in einer TV-Dokumentation an die Drehzeit zu „Der letzte Akt": „Und mit dem Film, den Pabst in der Sieveringer Halle gedreht hat, da hat er das erste Mal mit der Tradition gebrochen: Die großen Beleuchterbrücken, die immer aufgebaut wurden und mit Einheiten in die Dekoration geleuchtet haben, die hat Pabst abgeschafft. Er hat die Decke des Bunkers, in dem wir den Hauptteil des Filmes gedreht haben, zugemacht und von unten beleuchtet. Und daher kam in dem Film, auch von der fotografischen Seite her, eine unerhörte Dramatik, eine Beklemmung hinzu, wie sie eben mit der bisherigen Art der Beleuchtung nicht möglich war [...] Der Film ist sehr zwiespältig aufgenommen worden. Es ging soweit, dass gegen die Aufführung nicht

*Dass die vergangene Zeit nicht immer gut war, bewies 1955 „Der letzte Akt" unter der Regie von G.W. Pabst. Es war ein Film über Hitlers letzte Stunden vor dem Selbstmord im Berliner Bunker, eine Aufarbeitung der jüngsten Geschichte.*

*Die Hauptrollen von „Der letzte Akt" wurden mit Albin Skoda und Oskar Werner besetzt. Carl Szokoll, der „kleinste Hauptmann der Deutschen Wehrmacht" und führendes Widerstandsmitglied in Österreich, produzierte diesen Film.*

*Die Zeit nach 1945*

> Weißt Du, was der Frieden ist?
> Wenn ihr ihn habt, laßt ihn euch nie mehr wegnehmen.
> Seid wachsam.
>
> ~ Jawohl, Herr Hauptmann !! ~
>
> Sag' nicht Jawohl. Sag' nie wieder Jawohl, damit hat
> der ganze Mist angefangen. Seid wachsam, seid wachsam.

*Oskar Werners mahnende Worte am Ende von „Der letzte Akt".*

*Oskar Werner in „Der letzte Akt".*

nur protestiert wurde, sondern auch wurde Pabst Geld angeboten, um den Film nicht zur Aufführung zu bringen. Und Theaterbesitzer, wie mir der damalige Verleiher der Columbia, die den Film herausbrachte, sagte, wurden mit Bombendrohungen unter Druck gesetzt, um diese Theater an der Aufführung zu hindern."

Die Zeit war damals doch noch nicht reif, mit der jüngsten Geschichte, die knappe zehn Jahre vorüber war, ins Reine zu kommen. Umso prophetischer, mahnender klingen Oskar Werners Worte zu Ende dieses Filmes.

*Die Dramatik der Unterhaltungsfilme lag stets in der Abwandlung des Themas „Herz, Schmerz und Happy End", oft gepaart mit Musik und einem kräftigen Schuss leichten Klamauks à la Gunther Philipp und Peter Alexander.*

*Franz Antel mit seinen Hauptdarstellern im Film "Heimatland" im Atelier. Dieses Foto zeigt, welch einfache Methoden angewendet werden können, um die Darsteller auf Distanz zur Kamera zu halten.*

Auf dem Gebiet der Unterhaltungsfilme entstanden die ersten Wiederverfilmungen alter, erfolgreicher Filme. 1940 bereits hatte Karl Köstlin mit dem Wien-Film-Streifen „Krambambuli" die Literaturvorlage von Marie von Ebner-Eschenbach erfolgreich aufgegriffen. Die eigentliche Hauptrolle spielt dabei, wie einst Rin Tin Tin, ein Hund. Nachdem die Rechte für die Wiederverfilmung erworben waren, begann Franz Antel 1956 mit seinen Dreharbeiten zu einem Remake. Die Außenaufnahmen entstanden in Bad Ischl bzw. in Gosau. Schon bei der ersten Verfilmung dieses Stoffes wurde im Salzkammergut gefilmt, und zwar am Schafberg. Der 1956 entstehende Film hieß „Heimatland", ein weiterer Verleihtitel lautete „Krambambuli". Es spielten Marianne Hold, Hannelore Bollmann, Annie Rosar sowie Adrian Hoven, um nur einige der bekannten Namen zu nennen. Und zwei Hunde – eine gut abgerichtete Hundedame und Krambambuli junior, kurz „Krampi" genannt. Bei Krampi handelte es sich um ein zwei Monate altes Wollknäuel, das man schließlich Antels Gattin Hannelore Bollmann zum Geburtstagsgeschenk machte. Krampi wurde trotz der später gescheiterten Ehe zum treuen Wegbegleiter von Franz Antel, und das für fast 16 Jahre.

Neben Klamaukfilmen wurden auch weiterhin solche mit historischer „Herz-Schmerz-Thematik" produziert. Und was bietet sich mehr an als ein kaiserliches Liebes- und Eheleben wie jenes von Franz Joseph und Elisabeth? In den Jahren 1955 bis 1957 nahm sich Ernst Marischka in drei Filmen dieses Themas ausführlichst an: „Sissi" (1955), „Sissi – Die junge Kaiserin" (1956) und „Sissi – Schicksalsjahre einer Kaiserin" (1957). Diese Trilogie spielt in einem Österreich, das noch stolzer Mittelpunkt der k.u.k. Monarchie ist. Die „Sissi"-Filme waren die filmischen Vorschusslorbeeren für eine junge Schauspielerin namens Romy Schneider, der junge österreichische Kaiser wurde von Karlheinz Böhm dargestellt. Dieses „Sissi"-Klischee, das ihr später so verhasst wurde, haftete Romy Schneider ein Leben lang an. Sie starb, erst vierundvierzigjährig, im Mai 1982.

*Ein Filmplakat zum ersten Teil der filmischen Trilogie „Sissi", die Ernst Marischka verfilmte.*

Ernst Marischka produzierte diese „kaiserliche" Filmreihe mit seiner jungen Firma Erma-Film, den Verleih besorgte die Sascha-Film. Viele der Innenaufnahmen zu diesen zartbittersüßen Filmen entstanden im Sieveringer Atelier, also auf filmhistorischem Wiener Boden, und am Rosenhügel.

War die jüngste dunkle Vergangenheit einigermaßen vergessen, so war das kaiserliche Flair zu dieser Zeit „in". Diesem Trend folgte 1956 Willi Forst in seinem Film „Kaiserjäger". Die Innenaufnahmen entstanden wieder einmal im Atelier Sievering. Vor der Kulisse von Burg Kreuzenstein, dem Dreimarkstein und der Umgebung rund um den Kahlenberg sowie vor der tirolerischen Bergwelt rollte die anspruchslose Handlung ab. Adrian Hoven, Erika Remberg und Günther Philipp trugen ebenso zum unvermeidlichen Happy End bei wie Judith Holzmeister oder Attila Hörbiger. Die obligatorischen Verwechslungen und der näselnde k.u.k. Militärkauderwelsch waren ebenso vertreten wie Günther Philipps Humor und Oskar Simas Grantigkeit. Letztere beiden Faktoren gaben diesem Film doch den Schuss „österreichischen Humor".

War Willi Forst einst ein Garant für Musikalität und schauspielerische Brillanz in seinen Filmen, so blieb „Kaiserjäger" in jeder Hinsicht vieles schuldig. Dieser Film war und bleibt der schwächste, den Forst je gedreht hat. Er weist zudem vermeidbare technische Mängel auf, wie zum Beispiel die lieblose Handhabung der Beleuchtung, der man oft das naturferne Atelierwesen auf den ersten Blick anmerkt. Auch lässt der seelenlose, schematisch wirkende Kulissenhintergrund die Liebe zum lebensnahen Detail vermissen.

*Am Rande der Dreharbeiten zu „Lumpazivagabundus" feierte 1956 Paul Hörbiger (mit dem Rücken zur Kamera) mit Rudolf Carl, Franz Antel, Paul Dahlke und vielen anderen seinen Geburtstag im Atelier Sievering.*

*Franz Antel mit seinem Hund Krampi bei den Dreharbeiten zu „Lumpazivagabundus". Neben Antel sitzt Susi Fehring, die ehemalige Sekretärin von Geza von Cziffra und Gattin von Johannes Fehring, der zu vielen Filmen die Musikarrangements lieferte.*

*Die Literaturvorlage zu „Krambambuli" wurde von Franz Antel in späteren Jahren noch zweimal filmisch umgesetzt – 1965 unter dem Titel „Ruf der Wälder" mit Johanna Matz, Hans-Jürgen Bäumler und Mario Girotti, besser bekannt unter seinem späteren Namen Terence Hill. Der Drehort der Außenaufnahmen war nicht mehr der Raum um Ischl, sondern Kaprun. 1972 hieß ein weiteres Remake dieser Vorlage „Sie nannten ihn Krambambuli".*

*Das Kinoprogramm zu Willi Forsts „Kaiserjäger" aus dem Jahre 1956. Auch recht kaiserzeitlich ging es in Franz Antels „Kaiserwalzer" (1954) und „Kaiserball" (1956) zu.*

*Bei Außenaufnahmen zu „Kaiserball" im Jahre 1956 mit Sonja Ziemann und Rudolf Prack unter der Regie von Franz Antel.*

*„Zirkuskinder" wurde 1958 unter der Regie von Franz Antel gedreht.*

In Sievering wurden 1957 auch die letzten Filme, in denen Willi Forst Regie führte, produziert. Ab April dieses Jahres drehte er „Die unentschuldigte Stunde" mit Erika Remberg, Adrian Hoven, Rudolf Forster, Josef Meinrad und Hans Moser. Es ist ein Remake des E.W.-Emo-Filmes gleichen Titels aus dem Jahre 1937. Im September 1957 begann Forst mit seinem letzten Film „Wien, du Stadt meiner Träume". Obgleich der Film einen starken Bezug zur damaligen Gegenwart aufweist, veranlasste er ihn schließlich dazu, sich aus dem Filmgeschäft zurückzuziehen. Sein Kommentar dazu: „Mein Stil hat jetzt Pause, ich warte vorläufig ab." Sein Rückzug war jedoch endgültig.

1958 nahm sich Franz Antel eines ganz anderen Filmstoffes, abseits von Kaiseridylle oder Heimatfilmpathos, an. Es entstand der sich um Realismus bemühende Zirkusfilm „Solang' die Sterne glühen", auch „Zirkuskinder" betitelt. Dieser Film verfügte nicht über so ausgeprägten Showcharakter wie etwa der operettenhafte „König der Manege" aus dem Jahr 1954 mit Rudolf Schock. Es war eher ein Film, der, ohne marktschreierisch zu wirken, das Problem von Menschen vom Zirkus wiederzugeben suchte. Trotzdem durfte das obligatorische Happy End nicht fehlen. Die Außenaufnahmen entstanden in Simmering nahe der Gasometer, die Innenaufnahmen im Atelier Sievering. Die Besetzungsliste lässt sich sehen: Hans Moser, Gerhard Riedmann, Josef Meinrad, Fritz Eckhardt, Erik Frey und Heinz Moog sind einige der männlichen Darsteller. Die weibliche Hauptrolle spielte Heidi Brühl.

Ende der 1950er-, Anfang der 1960er-Jahre wurde erneut eine Reihe von Heimatfilmen produziert und stille Rückblicke in die „gute alte Zeit" gehörten zu den

Grundelementen jeden Drehbuchs. Mit dem aufkommenden Trend, Außenaufnahmen nicht alleine im Wiener Raum herzustellen, wurden die Mitarbeiter der Wien-Film in verstärktem Maße auch für Arbeiten in den Bundesländern vermietet. Ein Team wurde in die „weite Welt" hinaus geschickt, der andere Teil des Stabes drehte einstweilen daheim die Inneneinstellungen. Am Ende wurde das Rohmaterial in den Wiener Studios geschnitten, synchronisiert und kopiert.

Besonders die Anfang der 1960er-Jahre gedrehten Neuauflagen des „Hofrat-Geiger"-Themas mit Conny Froboess und Peter Weck wanderten vom Wiener Gebiet ab. Nur vereinzelte Außenaufnahmen entstanden noch in Wien oder auf der Wiener Höhenstraße. Die Inneneinstellungen wurden aber nach wie vor in Sievering abgedreht. Unter der Regie von Werner Jacobs entstanden 1961 „Mariandl" und 1962 „Mariandls Heimkehr". Für das komische Element im Film sorgten Hans Moser und Günther Philipp.

Ein fast rührender, retrospektiver Film entstand 1964 unter der Regie von Axel von Ambesser. Die Hauptdarsteller waren Vater Willy und Sohn Thomas Fritsch. Der Titel dieses auf der Rosenburg bzw. in Stein an der Donau und Wien-Sievering gedrehten Filmes lautete: „Das hab ich von Papa gelernt". Eine ganze Riege bekannter und beliebter Schauspieler standen neben Fritsch Senior und Junior im Rampenlicht: Gertraud Jesserer, Peter Vogel, Franz Stoss, Fritz Muliar, Susi Nicoletti, Marianne Schönauer, Guido Wieland, Carl(o) Böhm sowie Gustav Knuth und die spätere Opernball-Organisatorin Lotte Tobisch. In diesem Film eifert der Sohn dem Vater in dessen Profession als Schauspieler nach, obwohl der das ablehnte. Selbstverständlich fehlten die in jeder Komödie vorkommenden Verwechslungen und Missverständnisse nicht, die das Happy End zwar hinauszögerten, aber nicht verhinderten. Die Geschichte war immerhin so aufgebaut, dass dem Zuschauer der zuckersüße Nebengeschmack von Kitsch und jugendlicher Romantik erspart blieb, obwohl Fritsch junior im Film als „Romeo" debütierte. Auch das war ein Film made in Austria bzw. Sievering.

Doch der Reigen der werbewirksamen Vermarktung der Wachau begann schon ein paar Jahre zuvor, 1957, mit Franz Antels „Vier Mädels aus der Wachau". Natürlich war diese Region damals schon ein Hoffnungsgebiet des österreichischen Wein-Tourismus. Hans Quest filmte vor der malerischen Kulisse von Dürnstein seine „Lindenwirtin vom Donaustrand" (1957), wieder standen erprobte Wien-Film-Mitarbeiter hilfreich zur Seite. Für die Werbewirksamkeit sorgten Hans Moser, Marianne Holm, Annie Rosar, Erik Frey, Alma Seidler sowie Hugo Gottschlich und Heinz Conrads. War in den ersten Heimatfilmen alles verpönt, was irgendwie mit der aktuellen Zeit zusammenhing, wurde bei den Vertretern der Klamaukfilme ein unverbindlicher Gegenwartsbezug hergestellt.

Zu den späteren Vertretern einer harmlosen Unterhaltung ohne Almidylle gehörten wohl die Graf-Bobby-Filme ebenso wie mancher Antel-Film, ob in Jugoslawien oder in unseren Breiten gedreht. Geza von Cziffra verfilmte mit dem erprobten Klamauk-Pärchen Peter Alexander und Gunther Philipp gleich zweimal den „Graf-Bobby"-Filmstoff. So entstanden in Sievering 1961 „Die Abenteuer des Grafen Bobby" und im Folgejahr „Das süße Leben des Grafen Bobby". Im ersten dieser gräflichen Blödelfilme gibt es eine besonders erwähnenswerte Szene, in der Peter Alexander eine Zarah-Leander-Parodie zum Besten gibt. In dieser Szene ist sehr wohl spürbar, dass Peter Alexander einen ausgeprägten Hang zur Komik und Parodie besitzt. Doch solche Szenen gab es leider zu wenige in den Bobby-Filmen, die trotzdem zum humorigsten zählen, was man in dieser Zeit produzierte.

Außenaufnahmen in der Wachau für „Mariandl", ein Remake des „Hofrat-Geiger"-Themas mit Conny Froboess – hier zum Beispiel in Spitz an der Donau.

Hans Moser und Hugo Gottschlich bei den Dreharbeiten zu „Mariandl".

Werner Jacobs 1961 bei einer Einstellung für „Mariandl".

94  Die Zeit nach 1945

*Der junge Thomas Fritsch mit Mitarbeitern der Wien-Film in einer Drehpause.*

*Diese Aufnahme entstand bei Außenaufnahmen zu dem Film „Das hab' ich von Papa gelernt" unter der Regie von Axel von Ambesser.*

Beim Dreh von „Das hab' ich von Papa gelernt".

96     *Die Zeit nach 1945*

*Der junge Thomas Fritsch findet sich in der „Romeo-Kulisse" wieder.*

*Einer der Drehorte war auch die Rosenburg.*

Die Zeit nach 1945   97

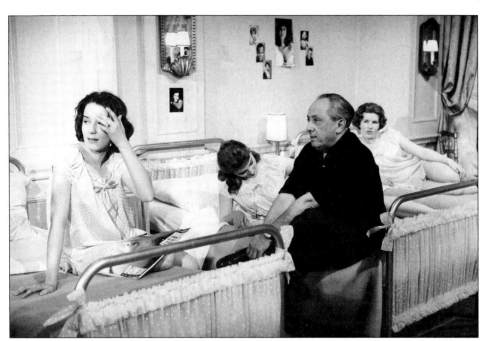

*Der Regisseur Geza von Cziffra in einer Drehpausen zu dem Film „Die Abenteuer des Grafen Bobby" im Jahre 1961.*

*Unschwer ist hier Peter Alexander mit seiner typischen Körpersprache bei Außenaufnahmen zu erkennen. Am Rande des Geschehens: die unverzichtbaren Mitarbeiter der Wien-Film.*

Man sagt allgemein, dass aller guten Dinge drei wären. Und da die Einspielergebnisse so viel versprechend waren, wagte sich Paul Martin 1965/66 ganz unerschrocken ein weiteres Mal an diesen Erfolg versprechenden Klamaukstoff heran. Doch diesmal entstand der Graf-Bobby-Film nicht auf österreichischem Boden, sondern in den Avala-Filmstudios in Belgrad. Auch die Außenaufnahmen wurden in Jugoslawien gedreht und wiederum waren Gunther Philipp und Peter Alexander die „gräflichen Blöden".

Ende der 1950er-, Anfang der 1960er-Jahre brach die produktionsstärkste Zeit des österreichischen Films an. Um einen Film produzieren zu können, benötigt der Produzent etwas Eigen- und sehr viel Fremdkapital. In der Zeit des Wiederaufbaus und der darauf folgenden wirtschaftlichen Konsolidierung Österreichs spielten für die Erlangung von Fremdkapital vor allem zwei Faktoren eine entscheidende Rolle. Erstens bedurfte es eines guten, in Filmkreisen hoch im Kurs stehenden Regisseurs, und zweitens war eine publikumswirksame Besetzung von Vorteil. Konnte ein Filmproduzent damit aufwarten, stieg seine Bonität bei den Finanziers beträchtlich. Das Drehbuch spielte eine untergeordnete Rolle und das Fernsehen, der spätere tödliche Konkurrent, steckte noch in den Kinderschuhen.

So wurde nicht lange gefackelt, wenn es um die Finanzierung ging und Filme wurden großzügig bevorschusst. Das hatte zwar eine steigende Produktivität zur Folge, dass aber die Qualität der Filme darunter zwangsweise litt, bemerkte man zu jener Zeit noch nicht. Man erkannte die Zeichen der Zeit erst viel zu spät, was letztlich das Ende des österreichischen Films mit seinem Hang zur leichten Muse bedeutete. Es rächte sich schließlich, dass man jahrelang immer nur nach der gleichen Masche Filme strickte und hauptsächlich Remakes produzierte. Dass sich niemand daran stieß, dass die Qualität der Filme immer schlechter wurde, mag daran liegen, dass a priori nicht Qualität gefordert wurde, sondern die Verkaufbarkeit des Werkes und damit das Einspielen der Investitionen. Zudem wurden Drehbücher davon bestimmt, wer mit welchen Geldmitteln die Produktion finanzierte. War z.B. ein Hersteller von Autoreifen mit unter den Finanziers, so wurde flugs das Drehbuch entsprechend abgeändert. In jener Zeit soll der böse Satz entstanden sein: „Mit meinem Geld macht's Ihr aber keinen guten Film – verkaufen soll er sich."

Ein weiterer Versuch, ein neues Filmgenre in Österreich zu etablieren, wurde 1963 mit dem Film „Die schwarze Kobra" unternommen. Es war der Versuch, auf der internationalen Krimiwelle à la deutscher Kriminalfilm mit Peter van Eyck oder Joachim Fuchsberger mit zu schwimmen. Unter der Regie von Rudolf Zehetgruber entstand „Die schwarze Kobra" in Wien, in Sievering und Umgebung. Adrian Hoven war ein Fernlastfahrer, der unvermutet in die Rauschgiftszene hineingerät und tatkräftig vom Ex-Ringer Adi Berber unterstützt wird. Auf der Seite des Gesetzes fand sich Paul Dahlke als Kommissar, dem der junge Peter Vogel als Assistent zur Seite stand. Es war eine spannungsgeladene, realistische Filmstory, weitab von Alpenglühen, Weinromantik und Kaiserrock. Das Böse wurde von Klaus Kinsky, Klaus Löwitsch und Herbert Fux dargestellt, die später international gefragte Film-Bösewichte wurden.

Alfred Weidenmann führte Regie bei der Verfilmung von Schnitzlers „Reigen", der unter dem Titel „Das große Liebeskarussell" in Österreichs Kinos kam. Die Darstellerliste war gespickt mit zugkräftigen Namen wie Lilli Palmer, Paul Hubschmid, Peter van Eyck, Daliah Lavi, Nadja Tiller und Elisabeth Flickenschildt.

Doch der Stern der österreichischen Filmproduktion war bereits im Sinken begriffen. Ein neues Medium, das Fernsehen, faszinierte eine immer größer werdende Anhängerschaft. Kaiserrock und Alpenglühen wurden gegen Aktualität und „Familie Leitner" ein-

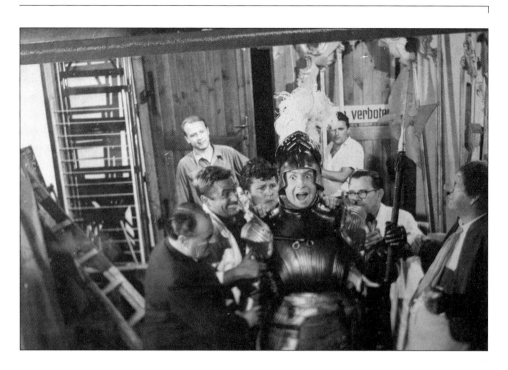

*Klamauk und Show begannen immer mehr, im österreichischen Film Fuß zu fassen. Ein Beispiel dafür war Peter Alexander mit seinem Hang zu Witz und Humor oder als noch nicht entdeckter Showmaster wie in den Filmen „Saison in Salzburg" oder „Die lustige Witwe".*

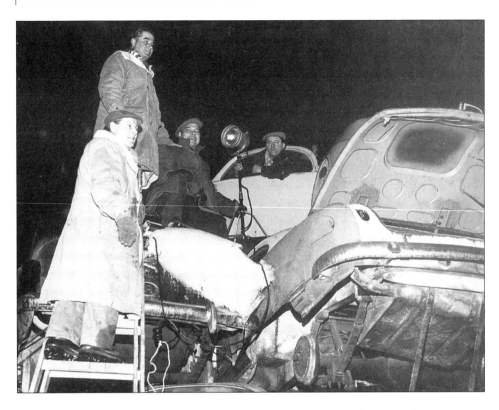

*Diese Aufnahmen entstanden anlässlich des Drehs von „Die schwarze Kobra".*

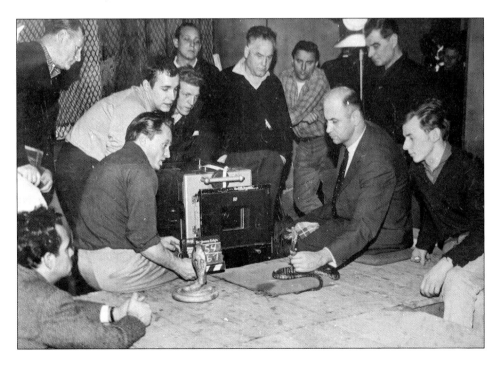

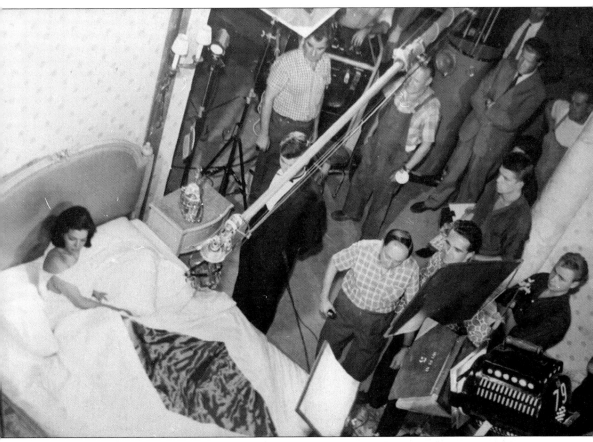

*Ebenfalls im Jahr 1963 diente Arthur Schnitzlers „Reigen" als Vorlage für eine moderne Filmfassung dieses Themas.*

getauscht. Auf dem Filmsektor gab es nichts Neues mehr. Da konnten auch reißerische Kriminalfilme, wie der zum Teil im Sieveringer Atelier im Jahre 1965 entstandene Streifen „Der DM-Killer", das letzte Stückchen österreichischen Film nicht mehr retten. In den Jahren zwischen 1945 und 1965 entstanden geschätzte 450 bis 470 Spielfilme in Österreich, zum Teil auch mit dokumentarischem Charakter. Wie viele es tatsächlich waren, wird man nie genau herausfinden können. Auch ist es oft schwer, einen Film als österreichischen zu klassifizieren, da sich in diesen Jahren zumeist deutsche Produktionsfirmen österreichischer Schauspieler, der hiesigen Landschaft sowie der heimischen Filmateliers bedienten. Diese Verflechtung von inländischer Produktionsleistung mit ausländischer Finanzierungs- und Verleihtätigkeit war oft diffizil und schwer zu durchschauen.

Der Untergang der Filmindustrie in Österreich hatte viele Ursachen. So gewann das neue Medium Fernsehen zusehends an Einfluss, war es doch imstande, ein sehr großes Publikum zu ein und demselben Zeitpunkt anzusprechen. Außerdem lieferte es aktuelle Informationen direkt ins Haus, was der Bequemlichkeit des Österreichers sehr entgegenkam. In diesem Zusammenhang wurde auch der Begriff des „Patschen-Kinos" geprägt.

Aber nicht nur mit diesem neuen Konkurrenten hatte die österreichische Filmindustrie zu kämpfen. Die Wien-Film war in erster Linie eine Ateliergesellschaft, die das technische und bauliche Equipment an andere Produktionsfirmen vermietete. Ein Grund, warum im Laufe der Jahre diese Firma, die sich ja fast ausschließlich auf das Verleihen von Atelier und Arbeitskräften konzentrierte und wenige eigene Produktionen herausbrachte, in die roten Zahlen kam, war das Aufkommen neuer, lichtempfindlicherer Rollfilme. Aufgrund dieser entscheidenden Marktneuheit wurde das Anmieten teurer Beleuchtungskörper für eine Produktion überflüssig – und das spürte eine Ateliergesellschaft.

Die Filmproduzenten gingen im Laufe der Zeit auch immer mehr dazu über, teure Atelieraufnahmen zu vermeiden und vor Ort zu drehen. Man suchte gleich an Ort und Stelle nach einem passenden Innenraum samt Dekoration und war bestrebt, mit einem Minimum an Beleuchtung das Auslangen zu finden. Dazu wurden nur mehr die einem Atelier angegliederten Einheiten wie Filmschnitt, Synchronisation oder Kopierwerk angemietet. Diese Entwicklung hatte zur Folge, dass die Wien-Film starke wirtschaftliche Einbrüche erlitt. Schließlich musste sie die Löhne, Gehälter und Sozialabgaben für die eigenen Angestellten bezahlen, ob diese nun angemietet waren oder nicht. Dadurch wurden jährlich hohe Defizite erwirtschaftet, die letztlich das Ende der Firma bedeuten.

Es entstanden nur sehr wenige Eigenproduktionen der Wien-Film und wenn produziert wurde, waren es zumeist Co-Produktionen von Schnulzen und Showfilmen, von denen man sich finanziellen Erfolg erwartete. Letztere hatten aber schon der „Stadthallen-Produktion" wenig Glück beschieden, man denke nur an das 1963 entstandene Filmchen „Sing, aber spiel nicht mit mir". Selbst eine Reihe hochkarätiger Namen hatte dem Werk nicht helfen können. Neben Lou van Burg, Adrian Hoven, Oskar Sima und Paul Hörbiger fanden sich noch die Namen von Rex Gildo und Peter Vogel auf dem Programmzettel, doch die Filmhandlung war einfach katastrophal.

Es entstand nun eine Reihe von unzeitgemäßen Filmchen-Produktionen, mit und ohne Showcharakter, die die Produktionskosten nicht einspielen konnten. Sie versetzten dem österreichischen Film endgültig den Todesstoß, nachdem eine Weiterentwicklung jahrelang gehemmt worden war.

*Im Jahre 1981 realisierte Franz Antel mit dem Film „Der Bockerer" eine gelungene Aufarbeitung eines Stückes österreichischer Geschichte mit Karl Merkatz in der Hauptrolle.*

*Die Zeit nach 1945*

Die wenigsten Filme nach 1965 hatten – abgesehen von Franz Antels spätem, fantastisch gemachten Film „Der Bockerer" von 1981 – Tiefgang. Über die Qualität eines Filmes kann man bekanntlich verschiedener Ansicht sein. Doch wenn manch einer meint, der kommerzielle Erfolg sei das wichtigste Kriterium, das einen Film zum Kunstwerk macht, so sei darauf hingewiesen, dass zwischen Kunst und reinem Kommerz Welten liegen können. Andererseits müssen sie sich nicht gegenseitig ausschließen. Ein gewisses Niveau sollte dabei allerdings nicht unterschritten werden. Das bedachten viele Produzenten in jenen Jahren nicht, und so begann sich das Ende des österreichischen Films abzuzeichnen.

# 6. Der letzte Akt

Die Wien-Film erwirtschaftete in den letzten Jahren ihres Bestehens durch so manchen Fehler in der Chefetage Millionenverluste. Es rächte sich der Entschluss der Wien-Film-Bosse, die Firma in eine reine Ateliergesellschaft umzuwandeln und keine eigenen Produktionen zu realisieren, die imstande gewesen wären, Gewinne abzuwerfen. Als Firma, die sich mit dem Verleih der vorhandenen Ateliers und deren technischen Kapazitäten begnügte, hatte die Wien-Film vor allem damit zu kämpfen, dass einem zu großen Angebot an technischen und personellen Kapazitäten eine viel zu geringe Nachfrage seitens der wenigen verbliebenen, firmenexternen Filmproduzenten gegenüberstand, denn die Investitionskosten explodierten, während die Umsätze sanken. Aufgrund der fehlenden betrieblichen Gewinne wurden zudem dringend nötige Investitionen nicht getätigt. Man versuchte einfach, mit dem Status quo, der sich bis in die späten 1960er-Jahre entwickelt hatte, das Auslangen zu finden und ignorierte dabei den technischen Fortschritt. Letztlich trugt das Medium Fernsehen das Seine zum Niedergang der Filmwirtschaft bei.

Ein weiteres Handicap war, dass die Wien-Film wirtschaftlich dem Finanzministerium unterstand. Das war eine Folge des Krieges, denn die Wien-Film wurde als ehemaliges reichsdeutsches Eigentum von der Republik Österreich als Rechtsnachfolger verwaltet. Im Juni 1971 schlug die „Wochenpresse" vor, „die heute noch zum Teil in deutschem Eigentum befindliche Atelierfirma mit einer starken Produktion und einem eigenen Verleih zu einer Dreieinigkeit zusammenzuschließen. Im „Kurier" wiederum war damals zu lesen: „Die seit Monaten untätige ‚Wien-Film' (Ateliers) gibt monatlich 2 Millionen Schilling Steuergelder für ihren nicht beschäftigten Stab aus. Bei angekurbelter Produktion würde sie dem Staat nicht mehr zur Last fallen und eventuell bald Gewinn bringen."

Als man einige Zeit später zwangsweise die Betriebsstruktur änderte, erwies sich diese Hypothese als durchaus zutreffend. Doch da war es bereits zu spät. Man liest im oben zitierten Zeitungsartikel: „Eine gesunde heimische Filmindustrie lockt erfahrungsgemäß ausländische Filmer an und füllt so die Staatskasse auf dreierlei Art: Steuern, Devisen durch Export, Devisen, die die Ausländer bei ihrer Arbeit in Österreich bringen."

Es wird wohl niemand die Gültigkeit dieser Aussagen bezweifeln. Doch die Umwandlung einer staatlichen Institution wie der Wien-Film in ein Unternehmen, das nach privatwirtschaftlichen Gesichtspunkten organisiert gewesen wäre, wurde nicht realisiert. So bleibt, so traurig das auch klingen mag, die erfolgreichste Zeit des österreichischen Films, der in Wien entstand, die Zeit bis 1955, mit wenigen Ausnahmen danach. Natürlich spielten andere Faktoren wie fehlende Internationalität und schwache Drehbücher ebenfalls eine Rolle. Viele der später entstandenen filmischen Werke konnten trotz der oft brillanten darstellerischen Leistungen nicht über ein unzulängliches Drehbuch hinwegtäuschen. Außerdem war und ist die österreichische Filmproduktion in höchstem Maße vom bundesdeutschen Markt abhängig. Dieses Faktum prägte viele, allzu viele österreichische Produktionen. Die heimische Filmproduktion wurde letztlich auch durch die bestimmende Frage gesteuert: „Wie sieht es mit der öffentlichen Förderung aus?" Eine

*Mit dieser einfachen Skizze versuchte man, die Verbauung der Ateliers zu Sievering der Bevölkerung schmackhaft zu machen.*

gesetzliche Regelung gab es noch nicht, denn ein Filmförderungsgesetz wurde erst in den 1980er-Jahren erlassen. So sank der österreichische Film zu trauriger Bedeutungslosigkeit herab, und die Wien-Film spielte international keine tragende Rolle mehr.

1985 wurde vom damaligen Finanzminister Dr. Franz Vranitzky schließlich die Liquidation des Staatsbetriebes Wien-Film beschlossen. Dr. Vranitzky wurde damit zum personifizierten „Spiritus rector" des Wien-Film-Endes. Die jährlich erwirtschafteten Defizite waren seit vielen Jahren zu hoch und der Betrieb damit untragbar für einen zu konsolidierenden Staatshaushalt unter der Führung von Minister Vranitzky. Die „Wiener Zeitung", ihres Zeichens das Presseorgan der Republik Österreich, brachte am 10. September 1985 folgenden Artikel mit dem Titel „Wien-Film aufgelöst": „Finanzminister Franz Vranitzky erklärte, die ‚Wien-Film' als Gesellschaft im Eigentum des Staates, die nun aufgelöst wird, habe allein in den letzten zehn Jahren 360 Millionen Schilling Verluste erwirtschaftet. [...] Das Gutachten, das das Finanzministerium in Auftrag gegeben habe, liege vor, wobei sich herausgestellt habe, dass die Eigentümer zur Weiterführung eines modernen Betriebes 160 Millionen Schilling zu investieren hätten."

Sämtliche Liegenschaften der Firma wurden an die Baufirma Hofmann & Maculan veräußert. Diese vermietete die Sieveringer Atelieranlage an die „Film-Geräteverleih Ges. m.b.H.", die nichts anderes war als eine Liquidationsfirma. Ihre Aufgabe bestand in der bestmöglichen Verwertung der vorhandenen technischen Einrichtungen. Dazu zählte auch die Vermietung der Aufnahmehallen an fremde Produktionen. Und nun passierte genau das, womit Journalisten bereits 1971 kalkuliert hatten: Durch eine anders gelagerte Kalkulationsbasis – es fielen die Ateliers am Rosenhügel sowie das Kopierwerk Grinzing

## Wohnverbauung im Stil der Wien-Film-Hallen

Grünes Licht für die Verbauung der Wien-Film-Gründe! Nach der Zustimmung der Anrainer in einer Bürgerversammlung werden die Pläne in Kürze bei der Baubehörde eingereicht. Die Objekte mit 28 Wohnungen sollen im Aussehen den alten Fliegerhallen der Wien-Film angepaßt werden.

„Gewidmetes Grünland wird bei der Verbauung nicht angetastet", versichert Winfried Kallinger, der für den Bauherrn, Alexander Maculan, die Projektleitung durchführt. „An der Sieveringer Straße 135 werden nur etwa 2000 Quadratmeter verbaut. Neben den 28 Wohnungen werden auch 45 unterirdische Garagenplätze errichtet."

Baubeginn soll in einem Jahr sein. Einziger Wermutstropfen: die alten Wien-Film-Hallen, in denen schon Willi Forst und Hans Moser drehten, sind nicht zu retten. Sie müssen wegen Baufälligkeit abgebrochen werden. Damit ist auch der Traum der Sieveringer Bürger, darin ein Filmmuseum einzurichten, ausgeträumt.

*Das Schicksal des Filmareals ist besiegelt. Der Zeitungsausschnitt stammt aus der „Kronenzeitung" vom 20. April 1988.*

und ein aufgeblähter Organisationsapparat in der Siebensterngasse weg – wurden eine zufrieden stellende Auslastung und sogar Gewinne erzielt. Es entstanden Videoclips und die Aufnahmehallen wurden auch wieder für Film- und Fernsehaufnahmen benutzt. Noch im Winter 1986/87 mietete sich Peter Patzak in den Schneideräumen des Ateliers ein und stellte hier seinen in Hamburg gedrehten Film „Der Joker" fertig. Und auch Franz Antel drehte seinen 1986 fertiggestellten Johann-Strauß-Film mit Wien-Film-Mitarbeitern.

Doch diese letzte Betriebsamkeit stand unter einer Prämisse, unter der die Baufirma der Vermietung an die „Verleihfirma" zugestimmt hatte – der Vermietung des Areals für längstens zwei Jahre. Eine aus der Sicht des Bauunternehmens verständliche Handlungsweise, schließlich handelte es sich um eine gewinnorientierte private Firma, die die Zeit von etwa zwei Jahren benötigte, um die Planung durchzuführen, die Behördenwege zu erledigen und etwaige Schwierigkeiten mit der Bevölkerung zu meistern. Man kann folglich davon ausgehen, dass mit dem Verkauf der Ateliers an eine private Baufirma die letzte Chance auf eine Rettung der Wien-Film endgültig vertan war.

Am 16. März 1988 wurde ein von „Hofmann & Maculan" entwickeltes Verbauungskonzept im Rahmen einer Bürgerversammlung präsentiert. Dem nicht eben in Massen erschienenen Publikum ging es weniger um das Schicksal der Wiegestätte des österreichischen Films, als vielmehr um sekundäre Belange wie Verkehrsbelastung durch Baumaschinen und beeinträchtigte Zugangsmöglichkeit zu Gärten. Wenige konnten mit dem der Öffentlichkeit stets verschlossenen Filmareal etwas anfangen. Es war bei den meisten Leuten nur Neugier, die sie zur Besichtigung des Areals veranlasste. Dementsprechend dominierten bei der anschließenden Diskussion persönliche Interessen. So kam es bei dieser Veranstaltung im März 1988 zu keiner nennenswerten Kontra-Stimme gegen den drohenden Abbruch der Atelierhallen. Das Konzept von Prof. Holzbauer sah die Errichtung von 27 Wohneinheiten und rund 45 unterirdischen Garagenplätzen vor. Die Möglichkeit einer Sanierung der Ateliers wurde von vornherein ausgeschlossen. Sie waren, so hieß es, so baufällig, dass eine Sanierung unrentabel wäre. Immerhin sollten die neuen Wohnblöcke nach dem Vorbild der alten Filmhallen gestaltet werden. Dass die Rundbogenhalle, an deren Architektur man sich in erster Linie orientierte, niemals eine Aufnahmehalle war, sondern der Verwaltungstrakt, störte weiter nicht – das wussten ohnedies nur wenige. Der Bauunternehmer versicherte außerdem, dass nicht das gesamte Areal verbaut werde. Damit beruhigten sich auch die letzten noch erhitzten Gemüter. Man sprach von Ensembleschutz und nach der Bürgerversammlung auch von „optimaler Lösung" und von „Zustimmung" – die Idylle war gerettet. Die Verbauung konnte beginnen.

Die Baufirma, die als Generalunternehmer ursprünglich auf eigene Kosten und Gefahr Eigentumswohnungen schaffen wollte, veräußerte im Folgejahr die Liegenschaft an ein Versicherungskonsortium. Nun entstanden Luxusmietwohnungen – vom oft zitierten Ensembleschutz war nicht mehr viel zu spüren.

Fünf Minuten vor zwölf wurde es plötzlich noch einmal unruhig in den Reihen der Bürger. Eine selbst ernannte Plattform, die sich als Bürgerinitiative bezeichnete, rief zum Widerstand gegen den Abbruch der Sieveringer Anlagen auf. Unterschriften wurden gesammelt, prominente Namen wie Claus Peymann, Frank Hoffmann und andere aus den Reihen des Burgtheaterensembles fanden sich in den Listen. Auch rund 700 Sieveringer wurden aktiv. Der „Standard" vom 12. Dezember 1988 übertitelte einen Artikel mit den Worten: „Initiative will ‚Wien-Film' vor dem Abbruch retten". Am 18. Jänner 1989, wenige Tage vor dem tatsächlichen Abbruch, wurde seitens der Bezirksvorstehung sogar noch von einer „Letzten Chance für die Studios" gesprochen. Aber zu spät und viel zu unkoordiniert hatte sich der Widerstand gebildet. Das Aus war aus der Sicht der Bau- und Feuerpolizei nicht mehr zu verhindern und so rückten die Baumaschinen an. Ein Jahr später, in den ersten Juni-Tagen 1990, begann man auch in Grinzing das Kopierwerk siebenunddreißig Jahre nach dessen Erbauung dem Erdboden gleichzumachen. Wieder war dieselbe Baufirma damit beauftragt. Die österreichische Filmindustrie, die es de facto schon längst nicht mehr gab, lag endgültig im Sterben.

Abblende.
Aus der Traum von einem Hollywood an der Donau. Für immer.

# 7. Kurzer Rundgang

Ein kleiner Rundgang durch die Atelieranlage von Sievering soll darstellen, wie es in dieser Filmstadt aussah, wo einst österreichische und internationale Filme produziert wurden. Man muss der Fantasie freien Lauf lassen, schließlich erinnert heute äußerst wenig an die einst glanzvolle Vergangenheit dieser Filmstadt.

Über dem gusseisernen Tor fehlen heute die Worte „Atelier Sievering – Wien-Film". Doch der Besucher muss sich vorstellen, dass er das Areal zu einem Zeitpunkt betritt, zu dem alles noch ganz anders aussah. Nachdem man durch das gusseiserne Tor, an der Portierloge vorbei, ein Stück bergan gewandert war, erreichte man das mächtige Verwaltungsgebäude mit dem rundbogigen Dach. Der schon fast unleserliche Schriftzug des Firmennamens bestätigte, dass man hier richtig war. Trat man in das Innere dieses mächtig erscheinenden Baus ein, so tat sich ein langer, hoher Vorraum auf. Der Vorraum, besser die Vorhalle, war so breit, dass Lastfahrzeuge hier einfahren konnten, um Kulissen anzuliefern. Ganz am Ende dieser Vorhalle war früher der Lastenaufzug, der das herbeigeschaffte Kulissenmaterial nach oben brachte, dorthin, wo in der Szene gebaut oder eben gefilmt wurde.

*Diese Ansicht der Rundbogenhalle, die späteren planenden Architekten als Vorlage diente, entstand wenige Tage vor dem Abbruch.*

*Linker Hand nach dem Betreten der Rundbogenhalle befanden sich die Büroräume – so sah es einst im Vorzimmer zum Besprechungsraum aus. Neben den Büroräumen befanden sich der Vorführraum und das dazu notwendige Kämmerlein des Filmvorführers. Der Vorführraum lag als ein wichtiger Platz gleich neben dem Büro des Chefs, man wollte ja zeigen, wie weit der Film gediehen war.*

*Diese Ansicht zeigt den Bereich des Sekretariates, das sich gleich hinter dem Vorzimmer befand.*

*Kurzer Rundgang* 111

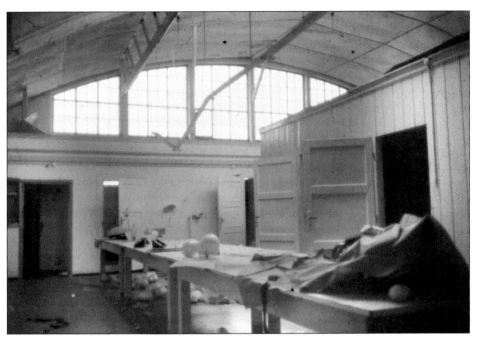

*Im Obergeschoss der Rundbogenhalle befanden sich die Garderobenräume und eine der Kantinen, von der aus Hans Moser liebend gerne telefonierte, da nicht er, sondern die Produktionsfirma dafür zahlte.*

*Über einen Verbindungsgang gelangte man in die Halle II – das ehemalige Hangargebäude, das Graf Kolowrat einst nach Wien bringen ließ.*

Durch den Vorführraum hindurch, auf der gegenüberliegenden Seite wieder hinaus, gelangte man in die Vorhalle. Gleich vis-à-vis waren die Räume, in denen die Synchronisation untergebracht war. Daneben, Richtung Eingang, durch den der Besucher kurz zuvor von der Straße her in die Vorhalle gekommen war, wandte sich eine hölzerne Stiege empor. Es krachte und ächzte bei jedem Schritt. Im Halbstock, gleich rechts, waren die Garderobenräume der Bühnenarbeiter untergebracht. Diese Räume waren bestückt mit einfachen Spinden mit den Fotos prallbusiger Mädchen als Alternativ-Interieur zur sonst spartanischen Umgebung.

Kletterte man nun die sich nach oben windende Treppe weiter hinauf, gelangte man zum Obergeschoss. Hell war es hier, Licht brach durch die Verglasung des Daches herein. Man sollte unbedingt zunächst einen Blick durch die Fenster hinunter zur Sieveringer Straße werfen, es bot sich ein unvergesslicher Anblick. Hier im Obergeschoss fand sich alles, was ein Filmstar, ob er nun berühmt war oder nicht, brauchte. Hier befanden sich die Garderoben, zahlreiche kleinere und größere Umkleidekammern, deren Ausstattung je nach dem Berühmtheitsgrad des jeweiligen Benutzers von unterschiedlicher Qualität war. Es gab sogar eigene Garderoben für die Komparserie. Auch der Maskenbildner und der Friseur hatten in dieser Etage ihr Zuhause. Damit die Darsteller nicht darben mussten, gab es ein kleines Buffet und die Aufnahmeleitung war ebenfalls hier untergebracht, samt Telefon.

Doch Moment, was war denn das? Warum standen die Atelierarbeiter unter der Stiege und starrten gegen die Wand? Das war die große Damengarderobe, in der sich wahrscheinlich gerade wieder einmal Damen vom Ballett umkleideten, während die Bühnenarbeiter durch die Gucklöcher spähten, die irgendwer einmal in die dünne Wand der Kabine gebohrt hatte.

Verließ man die Garderoben der mehr oder weniger berühmten Filmstars und der Komparsen und wandte sich, vorbei am Buffet, Richtung Süden, so gelangte man zur Aufnahmehalle II. Im kleinen Verbindungstrakt zwischen der Rundbogenhalle, die die Büros und Garderoben usw. enthielt, und der Halle II lag linker Hand ein sehr wichtiger und recht großer Raum. Hier waren die Requisiten, diese unentbehrlichen kleinen Nothelfer, untergebracht. Ob Kunstblumen, Brathähnchen, Speckseiten oder Obst der verschiedensten Sorten, hier war die Domäne von Plastik und Papiermaché – der Aufnahmehalle nahe genug gelegen, falls gerade etwas in der Szene fehlen sollte. In Regalen, Schachteln und Schächtelchen wurden diese Dinge verwahrt, die für eine Szene wie das Salz in der Suppe sind.

Im Zwischenraum vor der Halle II war auch die Endstation des alten Lastenaufzuges. Nun wurde es wirklich spannend, denn vor dem Besucher des Ateliers lag ein breites Tor, der Eingang zur Halle II. Diese Halle war der älteste Teil der gesamten Atelieranlage. Es war jene Halle, die Graf Kolowrat sich hatte kommen lassen. Damals, als man diesen ehemaligen Hangar aufstellte, war es hier heller – wie ein besseres Glashaus. Das war notwendig, um bei Tageslicht Innenaufnahmen drehen zu können. Freilich, heiß ging es da schon zu, besonders im Sommer, wenn die Sonne herein brannte. Aber nach Aufkommen des Tonfilms und der verbesserten Ausleuchtungsmöglichkeiten war das Glashaus nicht mehr gefragt. Man umschloss das gesamte Gerüst mit Eternit- und Heraklithplatten und so mancher Bühnenarbeiter büßte in späterer Zeit seinen Hammer oder ein anderes Werkzeug ein, wenn er damit unverhofft durch die alten Zwischenräume der Glaskonstruktion gebrochen war.

*Übersichtsplan I*
*Untergeschoss*
1  Einfahrtshalle
2  Büro und Kasse
3  Vorführung
4  ehemaliger Lastenaufzug; Lager
5  Treppen zum Fundus (Halbstock)
6  Synchronisation
7  Treppe zu Bühnenarbeitergarderoben (Halbstock) und in das Obergeschoss

*Obergeschoss*
8  Künstler-Garderobe
9  Komparserie-Garderoben
10  Maske
11  Buffet
12  Requisite
13  Halle II
14  Ton
15  Halle I

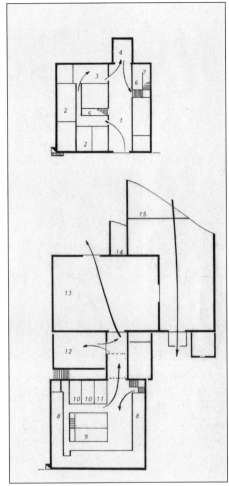

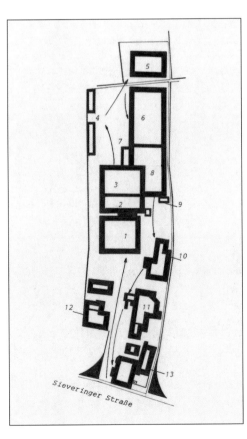

*Übersichtsplan II*
1  Verwaltung und Garderoben
2  Requisite
3  Halle II
4  kleiner Fundus
5  großer Fundus
6  Halle I
7  Ton
8  Lampenfundus, Dekorateure
9  Gipsfundus
10  Filmschnitt
11  Tischlerei, teilweise Verwaltung
12  Garage, Fundus
13  „Sascha-Stüberl" und Portier

*Die Halle II maß 36 mal 16 Meter und war sechs Meter hoch. Im Inneren konnte man noch die alte Stahlkonstruktion erkennen. Bis oben hin in das Satteldach waren Vorrichtungen für Beleuchtungskörper und das Aufziehen von Kulissenelementen angebracht.*

*Diese Aufnahme wurde von der Beleuchterbrücke in der Halle II aufgenommen, während eine Szene aufgebaut wurde.*

*So sah eine Szene aus, wenn die Aufbauarbeiten abgeschlossen waren. Jetzt fehlten nur mehr Darsteller und die Handlung.*

*Der Blick vom „Großen Fundus" zeigt das große Tor in der Bildmitte, von dem aus man, von der Halle II kommend, ins Freie gelangte. Dort befand sich ein großer, ebener Platz, der auf der linken Seite durch die Halle I und rechts durch den „Kleinen Fundus" begrenzt wurde. Die südliche Begrenzung dieses Freiareals bildete ein kleiner Fußweg, der quasi die Verlängerung der Nottebohmstraße ist und heute im Nichts endet.*

Der „Große Fundus" von Süden her gesehen.

Der „Große Fundus" war relativ jungen Datums. Die Holzkonstruktion, die auf einem Betonfundament ruhte, entstand 1951, die ausführende Firma war Wenzel Hartl aus Sievering. Dieser in drei Etagen gegliederte Bau beherbergte die größeren und sperrigen Kulissenteile wie Türen, Fenster, Säulen, Balkone etc.

Über knarrende Treppen gelangte man immer weiter nach oben in die geheiligten Winkel dieses Fundus. Ein starkes, lähmendes Geruchsgemisch von Leim, Farbe, Teer und anderen Düften lag in der Luft. Kunterbunt lagerten hier ein kleiner Balkon, Tischbeine in allen Stilrichtungen von Rokoko bis Biedermeier, dicke und dünne, ionische und dorische Säulen, Wandverkleidungen mit und ohne Goldrand sowie Marmortreppen. Alles, was das Herz und der Produzent begehren oder wünschen könnte, fand man hier. Doch sollte man sich von all dem Prunk und der Pracht nicht irritieren lassen – selbst der beste Filmmarmor bestand nur aus Papier, Leim und Farbe. Die gesamte Südfront war ein einziges großes Fenster, durch das Licht hereinflutete. Von hier aus hatte man einen schönen Blick gegen das Krottenbachtal und den Höhenrücken, der die Grenze zum 18. Bezirk bildet.

Doch Vorsicht beim Öffnen der Tür! Man sollte keinen voreiligen Schritt zur linken Seite tun! Hier ging es steil bergab in die Tiefe. Das Geländer hatte hier eine Aussparung für eine Feuerleiter. Hinter der erwähnten Tür waren Scheinwerfer, Abdeckblenden und Filter verschiedenster Ausstattung gelagert. Für den raschen und sicheren Transport gab es einen kleinen Lastenaufzug, der von beiden Aufnahmehallen her bedient werden konnte.

In diesem Zwischengebäude, quasi das Verbindungsglied der beiden Aufnahmehallen, waren neben dem erwähnten Lampenfundus auch eine Reihe anderer Handwerker zu Hause. So fand man hier die Arbeitsplätze und Lager der Tapezierer, Dekorateure und Maler. Dieser Verbindungsbau war wie viele andere Teile der Atelieranlage auch eine Holzkonstruktion. Über steile Treppen gelangte man zu den einzelnen Arbeits- und Lagerräumen, die allesamt an der Gebäudeaußenseite platziert waren. Es waren sehr helle Räume mit teilweise beneidenswerter Aussicht.

Zwischen dem Gebäude, in dem sich die Schneideräume befanden, und der Tischlerei erblickte man ein Denkmal. Es wurde 1948 enthüllt und erinnerte an den Mann, der den Grundstein zur Traumfabrik in Sievering gelegt hat: Graf Alexander Kolowrat. Die Portiersloge, an der man anfangs vorbeigekommen war, schloss unmittelbar an das sogenannte „Sascha-Stüberl" an. Dieses war der letzte Zufluchtsort der hier Beschäftigten, bevor sie wieder in die raue Welt der Normalbürger entlassen wurden. Hier nahm der eine oder andere noch eine Stärkung zu sich, bevor er das schützende Paradies dieser Traumwelt verließ und nach Hause ging.

Im Jahre 1941 hatten die Verantwortlichen eine drastische Vergrößerung dieses Lokals geplant, nicht ohne Hintergedanken, wie die Pläne von damals verraten. Die Vergrößerung des Lokals durch den Zubau eines großen Speisesaales wäre nur die sichtbare Spitze dieses Unternehmens gewesen, denn es hätte den Bau eines Luftschutzkellers ein Stockwerk tiefer leichter ermöglichen sollen. Es war geplant, einen in zwei Teile gegliederten Luftschutzbunker zu bauen, der ein Fassungsvermögen von vierzig (!) Personen – so viele zählten zur Führungsschicht des Ateliers – hätte haben sollen. Daneben hätte auch der bereits bestehende, nicht so geschützte Keller weiterhin diesem Zwecke dienen sollen, allerdings mehr für das „gemeine Volk". Der Plan wurde nie realisiert und das Projekt existiert nur auf dem Papier. Man befand sich nun am Ende des kurzen Rundganges. Am „Berg" stand das Verwaltungsgebäude, rechts daneben das Stüberl, in dem es wieder einmal laut zuging. Von hier aus gelangt man wieder an das gusseisernen Tor in der Sieveringer Straße.

*In die unterste Etage des Fundusgebäudes gelangte man von Außen über eine kleine Rampe. Im Untergeschoss befand sich das sogenannte Maschinenhaus.*

*Durch einen schmalen Gang gelangte man in den Maschinenraum. Hier standen die Generatoren, die den nötigen Strom für die Scheinwerfer erzeugten. An zwei Seiten dieses Raumes befanden sich die nötigen Schalttafeln, mit deren Hilfe die Kraft der Elektrizität dosiert wurde.*

*Kurzer Rundgang*

*Dieser Platz zwischen den beiden Aufnahmehallen wurde mitunter für kleine Außenaufnahmen genutzt. Es kam auch des Öfteren vor, dass hier kleine Dorfplätze oder Gässchen aus dem Material der Fundus-Schuppen gezimmert wurden. Im Film sah es dann aus, als wäre am Originalschauplatz gedreht worden. Das ist die Illusion des Films.*

*Am linken Bildrand ist die Eternit-Fassade der großen Aufnahmehalle, Halle I, zu erkennen. Das kleinere Gebäude in der Bildmitte beherbergte die Tonanlage.*

*Diese Aufnahme der Halle I von Süden her entstand vor 1951. In diesem Jahr begann man mit dem Bau des „Großen Fundus", der somit die Aufnahmehalle von dieser Perspektive später verdeckte.*

*Die Halle I war wesentlich größer als das alte Hangargebäude und beeindruckte durch ihre Höhe. Im ersten Stock befand sich der Arbeitsplatz der Beleuchter. Es gab einen Laufsteg, auf dem die Beleuchtermannschaft ebenso tätig war wie Bühnenarbeiter, die mit Seilwinden und Flaschenzug Kulissenteile oder Scheinwerfer hoben und senkten.*

*Eine kleine Tür am Ende dieses Beleuchtersteges führte gleich in den ersten Stock des sich anschließenden Lagergebäudes.*

*Die Arbeitsräume der Maler, Tapezierer und Dekorateure lagen an der westlichen Gebäudefront, wo ein kleiner Fußweg die Verbindung zwischen Sieveringer Straße und Sioly-Gasse darstellt. Wenn man diesen Abschnitt Richtung Sieveringer Straße verließ, so befand man sich nahe dem Eingangstor. Dort war auch ein Fundus, in dem Gipsmodelle und -dekorationen verwahrt wurden. Dieses Lager wurde schon heftig durch die mächtigen Föhren bedrängt, die sich an der Grundgrenze zum erwähnten Fußweg befanden. Rechter Hand, Richtung Halle II, waren die Elektriker und Schlosser zu Hause. Links des Weges, in diesem schlichten mehrstöckigen Gebäude, befanden sich die Schneideräume der Cutterinnen und Cutter, die einem Film das richtige Format und die richtige Länge gaben. Der daran anschließende Trakt beherbergte die Tischlerei. Hier entstanden die Grundelemente zu einem Barocksaal oder einer Bauernstube alpiner Prägung. Hinter der grün gestrichenen Holzfassade wurde gesägt, gefräst, gehämmert und geleimt.*

124  Kurzer Rundgang

*Der Blick aus der Rundbogenhalle in Richtung Sieveringer Straße zeigt die niedrigen Gebäude im Vordergrund, in denen u.a. die Tischlerei, erkennbar an dem doppelflügeligen Tor, untergebracht war.*

*Die Aufnahme zeigt den Blick aus den Schneideräumen in Richtung des „Kleinen Fundus". Sie entstand wenige Tage vor dem Abbruch der Atelieranlage und macht die Verwüstung des Areals bereits sichtbar.*

Kurzer Rundgang 125

*Der Abbruch der Sieveringer Traumfabrik beginnt.*

*Die ersten Rohbauten nach den Plänen von Architekt Holzbauer standen wenige Monate nach dem Abbruch der einst gräflichen Atelieranlage.*

126  *Kurzer Rundgang*

*Internes Kantinenpfand des Ateliers Sievering.*

# 8. Epilog

„Nichts ist schlimmer und bedrohlicher für eine bürokratische Seele als die Fantasie, die Illusion, die Begabung und die Kreativität. Dies sind eigentlich Dinge, die man auslöschen muss, um ein Land wirklich funktionierend verwalten zu können. So lange es diesen Geist gibt, muss dagegen seitens der staatlichen Bürokratie angekämpft werden. Und das ist hier am Beispiel des Ateliers Sievering relativ deutlich passiert. Es ist ein elendigliches Gefühl, da – abgesehen von der Optik und von der Erinnerung – dies auch ein Symbol ist; dieses Chaos, dieser Untergang, dieses Wegwerfen der Wien-Film ist bezeichnend für die Haltung der Politiker, der Beamten und der Bürokraten gegenüber der Filmkunst schlechthin."

Peter Patzak

*Das Veranstaltungsprogramm aus der Zeitung „Neues Österreich" vom 22. Jänner 1956 spiegelt das Angebot an Filmen und Kinos wider.*

Im folgenden Anhang befinden sich einige ausgewählte Kinoprogramme von Filmen der Nachkriegszeit. Viele der Innenaufnahmen, der Filmschnitt oder die Synchronisationsarbeiten erfolgten in den Ateliers der Wien-Film.

Im Jahre 1947 entstand diese Geza-von-Cziffra-Produktion mit O.W. Fischer in der Hauptrolle; weiter finden sich Namen wie Helene Thimig, Siegfried Breuer oder Attila Hörbiger auf der Besetzungsliste.

*Inge Konradi und Josef Meinrad in der Komödie aus dem Jahre 1949, zu der Robert Stolz die Filmmusik schrieb.*

Regie bei dieser 1950 entstandenen Verfilmung der Anzengruber-Vorlage führte Eduard von Borsody.

Hubert Marischka verfilmte 1954 mit Johanna Matz, Paul Hörbiger und Karl Schönböck diese zuckersüße Romanze, bei der auch Annie Rosar nicht fehlen durfte.

Im selben Jahr, als in Deutschland der Film „Des Teufels General" mit Curd Jürgens entstand, produzierte man in Österreich leichtere Kost.

Österreich wurde filmisch für Tourismuszwecke genutzt. Marianne Koch und Paul Hubschmied sowie ein gewisser Helmut Lohner wirkten in diesem 1956 erschienen Filmwerk unter der Regie von Kurt Hoffmann mit.

*Ernst Marischka brachte diese heitere filmische Komödie mit Gudula Blau, Adrian Hoven und den Kessler-Zwillingen 1957 auf die Leinwand der Kinos. Nicht zu vergessen ist der engagierte Jung-Schauspieler Klaus Löwitsch.*

*Ein Beispiel für die Vermarktung einer Region, in diesem Fall der Wachau, ist Franz Antels Film mit Sabine Bethmann und Rudolf Prack aus dem Jahre 1957. Schon damals waren die Wiener Sängerknaben neben Paul Hörbiger oder Hans Holt dekorative Beilage zu einer von Natur her schon sehr einladenden Umgebung.*

In den Jahren 1955 bis 1957 entstanden unter der Regie von Ernst Marischka die drei „Sissi"-Filme mit der entzückenden jungen Romy Schneider als Kaiserin Elisabeth, Karlheinz Böhm als Kaiser Franz Joseph sowie Vilma Degischer, Magda Schneider, Gustav Knuth und Josef Meinrad.

„Schicksalsjahre einer Kaiserin"

*Die Beliebtheit der „Sissi"-Filme ist bis heute ungebrochen.*

*Dieses Filmlustspiel der Paula-Wessely-Produktion erblickte 1959 das Licht der Kinos. Die Hauptdarsteller waren neben Paula Wessely Johanna Matz und Dietmar Schönherr.*

Anhang XIII

Unter Regie von Geza von Cziffra brillierten 1961 Toni Sailer und Ina Bauer in einem Remake eines bereits abgedrehten Filmes in einer Mundus-Film-Produktion.

Ein fast unsterbliches Thema wurde Anfang der 1960er-Jahre unter der Regie von Rolf Olsen wieder aufgegriffen. Neben Vivi Bach und Udo Jürgens trugen Gunther Philipp sowie Trude Herr mit ihrem unverwechselbaren Klamauk zur filmischen Umsetzung bei.

*Das Denkmal für Graf Alexander Kolowrat, das sich heute noch in der Wohnanlage befindet. Im Vordergrund ist ein sogenannter Umrolltisch aus dem Bereich der Filmcutter zu sehen, der sinnlos von Vandalen demoliert wurde. Am nächsten Tag begann der Abbruch, die Zerstörung des Ateliers Sievering – der Wiege des österreichischen Filmes.*

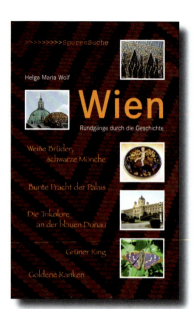

**Wien.** Rundgänge durch die Geschichte

*Helga Maria Wolf*

ISBN 978-3-86680-138-7
15,90 € [A] | 15,45 € [D]

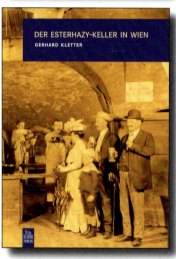

Der **Esterházykeller** in Wien

*Gerhard Kletter*

ISBN 978-3-89702-841-8
18,90 € [A] | 18,40 € [D]

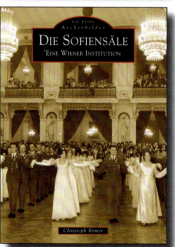

Die **Sofiensäle.** Eine Wiener Institution

*Christoph Römer*

ISBN 978-3-89702-740-4
18,90 € [A] | 18,40 € [D]